齐光伟◎著

九开财商

中小微企业赚钱的九把钥匙

浙江工商大學出版社
ZHEJIANG GONGSHANG UNIVERSITY PRESS

· 杭州 ·

图书在版编目（CIP）数据

九开财商：中小微企业赚钱的九把钥匙 / 齐光伟著.
—杭州：浙江工商大学出版社，2019.11
ISBN 978-7-5178-3448-9

Ⅰ.①九… Ⅱ.①齐… Ⅲ.①中小企业－企业发展－
研究－中国 Ⅳ.① F279.243

中国版本图书馆 CIP 数据核字（2019）第 195356 号

九开财商：中小微企业赚钱的九把钥匙
JIU KAI CAISHANG：ZHONGXIAOWEI QIYE ZHUANQIAN DE JIUBA YAOSHI
齐光伟　著

责任编辑	范玉芳　谭娟娟	
封面设计	零创意文化	
责任印刷	包建辉	
出版发行	浙江工商大学出版社	
	（杭州市教工路 198 号　邮政编码 310012）	
	（E-mail:zjgsupress@163.com）	
	（网址 :http://www.zjgsupress.com）	
电　话	0571-88904980　88831806（传真）	
排　版	程海林	
印　刷	北京雁林吉兆印刷有限公司	
开　本	880mm×1230mm　1/32	
印　张	8.25	
字　数	144 千	
版 印 次	2019 年 11 月第 1 版　2019 年 11 月第 1 次印刷	
书　号	ISBN 978-7-5178-3448-9	
定　价	49.80 元	

目录 Contents

自序 不忘初心，方得始终 ○ I

第1章
开铁眼：让团队如同铁板一块，永不分开

设定立场，让你的班底跟你一条心 ○ 003

经营两种人，员工与客户 ○ 010

两个捆绑，利益捆绑与精神捆绑 ○ 019

第2章
开财眼：让客户排队进场，绝对成交

跨界与杂交，创造绝对优势 ○ 031

跨界连接，让客户产生依赖 ○ 038

跨界生蛋，取得最高利润 ○ 046

第 3 章

开魂眼：让团队不忘初心，持续奋斗

使命由心而发，让员工真正觉悟 ◦ 057
文化是企业的灵魂，使命是灵魂的灵魂 ◦ 065
使命感召员工，实现自发行动 ◦ 074

第 4 章

开远眼：让团队树立目标，达成结果

目标不是用来达成的，是用来凝聚人的 ◦ 085
远景最强调两点，时间与冲击力 ◦ 093
远景是方向指示，是激励催化剂 ◦ 100

第 5 章

开晋眼：让团队稳定扩张，人才辈出

不怕员工欲望涨，就怕老板没设计前途 ◦ 109

什么叫职业生涯规划？就是从生到死 ○ 118

如何将晋升落地？四个方面做完全 ○ 126

第 6 章
开薪眼：让员工潜能迸发，绩效卓越

管理层薪酬必须规避哪两个死穴 ○ 135

让强者"升官发财"，让弱者活活"饿死" ○ 143

薪酬设计三板块分别是什么 ○ 151

薪酬落地七方案分别怎么做 ○ 159

第 7 章
开信眼：让团队统一思想，万众一心

制度解决不了的问题，用文化和信仰解决 ○ 171

什么是企业的价值观，它是怎么产生的 ○ 178

怎么将企业价值观打造成企业信仰 ○ 187

第 8 章
开法眼：让团队步调一致，极速复制

企业行为设计，应该怎么做 ○ 197
行为规范有哪些标准，如何细化 ○ 204
行为是风气载体，以规矩成标准 ○ 214

第 9 章
开理眼：树立团队品牌，传承企业文化

以心感人人心归，用心为客客心留 ○ 227
在员工容易受伤的领域，安上理念 ○ 237
用培训沟通的方式，把理念输入员工头脑 ○ 246

自序 Preface

不忘初心，方得始终

不忘初心，方得始终。而我，在坚持本心的路上，一直前行，从未停歇！

人活一世，不惑于心，坚守己身，但求本心。我一路走来，亲眼见证过自己的合作伙伴、员工和弟子们取得巨大的成功，也看到了许多创业者因为没有足够的管理技能和运筹帷幄的能力而半途而废，更有众多企业家、生意人因为缺乏正确、科学的企业管理知识，而使企业陷入了绝望的困境之中……这样的一幕幕，每天都在重复上演着，让我的内心百感交集：因为管理能力和知识的缺失，原本不该出现的发展误区，就这样屡屡出现，困住了多少个潜力企业的发展脚步，又终止了多少个大型企业的活力和生命。目睹了那么多的事例，我决定授人以渔，不再把自己定义为一个商人，而是众人创业之路的领航者、育人创富的引导者，将我获得成功的秘诀毫无隐藏地全部传播开来，救助更多的中小微型企业！

责任所在，使命使然，我创建了上海汇根教育科技集团。上海汇根教育科技集团旗下设有生意帮互助社群与牛人智库，生意帮互助社群是中小企业、中小商户学习互助的新型平台，是以满足广大生意人当下的迫切需求为目标的社群组织，努力为加入生意帮互助社群的"家人"提供扩展人脉的机会！牛人智库是集培训＋咨询＋策划＋项目孵化＋领域投资为一体的智星孵化平台，一直致力于振兴实业，智慧报国，打造影响世界级经济智库。

上海汇根教育科技集团全力为以开放边界、引领变化、彼此加持、互动成长、共创价值为宗旨，现涵盖上海、北京、大连、沈阳、郑州、长春、哈尔滨、青岛、天津、广州、深圳等全国近百个城市，并逐步拓展完成全国市场网络布局。帮助企业出成果是检验我们的标准，因为我们坚信只有客户的成功才能成就我们的成功，我们支持每位企业家的梦想，为您赋能前行的力量！

人生是一场修行，生命的价值和意义就在于维护住那一片初心。如此才能享受上帝创造的生命之美。世界上不如意之事十有八九，但在工作和生活中，只要保持初心，不忘本真，定会看穿生命的真谛！

第 1 章

开铁眼：

让团队如同铁板一块，永不分开

铁打的营盘流水的兵？中国最不缺的就是人，所以没必要花心思来挽留员工为企业效力？

不不不，铁打的企业铁板的团队才是现代企业经营的正确打开方式。

开铁眼，学习如何让团队成为我们的铁膀钢臂。

》 设定立场，让你的班底跟你一条心

如今，企业经营已经进入了经营人员的时代。对于企业经营者来说，资金、项目都不再是经营的核心，员工才是企业最重要的资源。

企业的员工经营之道与客户经营之道有异曲同工之处。企业可服务的市场客户众多，为此，通常会将客户划分成多个等级，最后将资源集中在 VIP 客户群体上，为这一群体的客户提供更多、更好的服务。

员工和客户是企业赖以生存的重要资源，两者缺一不可；而二者的经营也有先后、轻重之分。

古人云：修身，齐家，治国，平天下。推及企业经营领域，就是要求企业必须从自身抓起，先做好内部的员工经营工作，才能让企业保持正常的生产经营，继而为客户提供更优质的产

品和服务。试问，一个内部矛盾不断、秩序混乱的企业，怎么可能保质保量地生产出客户所需的产品？所以说，经营者要先做好员工团队的经营，再发挥团队的力量来经营好客户。

企业如何才能经营好自己的员工团队呢？

每个企业都拥有自己的员工团队，而经营者的精力是有限的，投入到各个员工身上的精力也不可能完全相同。鉴于此，经营者不但要制定出一套严谨的管理制度来约束广大员工的日常行为，还要有针对性地将精力集中在自己的核心班底上。

大量的实践经验表明，每个人都不喜欢被其他人严格地管理，却会或多或少地受周围其他人的影响，在言行上与之趋同。正是因为如此，每个企业的经营者都会打造一个颇具影响力的核心员工班底。通过核心班底在团队中传播正能量，以此来引导团队中的成员紧紧团结在经营者的周围，更好地为企业服务。

根据二八定律可知，企业80%的订单源自20%的VIP客户；而企业的员工团队中，这20%的核心班底所起到的作用在全体员工中也占据了80%的份额。现代企业在经营过程中，经营者一定要经营好自己的核心班底。

有的经营者能让核心员工班底紧紧团结在自己周围，整个团队一团和气，员工内部关系和睦，员工怀着一颗感恩的心为企业服务，企业上下都充满正能量；而有的经营者却疲于奔命，每天的工作都像在救火，团队内部争权夺利、人心涣散，像一盘散沙，以致企业发展止步不前。这就是核心班底"铁"与"不铁"的区别所在。有了铁班底，即便项目终止、企业倒闭，只要这个铁班底不散，经营者就有东山再起的可能。

对于经营者而言，创建一个铁班底就如同为自己保留下了一颗希望的火种，一旦遇到合适的机会即可形成燎原之势。

事实上，企业下行、发展遇阻，最大的原因往往是企业班底出问题了。很多企业视销售为生命线，将重心集中在市场销售上，却忽视了一个很现实的问题，有了订单，没有优秀的员工团队分工合作，就没有人来生产产品、为客户提供服务。铁班底的建设、员工团队的经营是经营者日常工作的重中之重，唯有做好了员工经营才可能实现客户经营。

在铁班底的建设中，人员挑选极其关键。现实生活中，"任人唯亲"是很多经营者的用人之道。这个用人原则实际上也极具合理性。经营者所选择的合伙人必须是跟自己亲近的人，唯有如此，他们才有可能统一战线、并肩作战。道不同者，注定是不相为谋的，更遑论与之结为铁的同盟。铁班底一旦形成，各人自动自发地各司其职，再继续招揽与自己"亲近"之人，由此组建出一个和谐的员工团队，这个团队就比通过其他途径组建的员工团队更具凝聚力和号召力。

在一家企业中，铁班底的作用不仅限于为经营者创造更多的利润、赚更多的钱，他们还是企业日常管理的风向标，他们的言行和工作作风都将对整个团队起到巨大的引导作用。

除此之外，团队中的其他成员还会有意无意地将目光锁定在铁班底成员的身上，将他们的言行和工作习惯当作老板的喜好，继而朝这个方向努力，以期得到老板的认可，在该企业更好地发展下去。

鉴于此，那些立场不坚定的墙头草，胸无大志之辈，喜欢搬弄是非者及目光短浅、不具目标意识之人都要排除在铁班底之外，如此方可成功建立一个正能量的、具备正面影响力的铁班底。

就像机器也需要日常保养和维护一样，铁班底组建好以后，也需要经营者在日常工作中用心地经营。

诱之以利、晓之以理、动之以情都不是理想的经营方式。如果经营者为了让铁班底的成员能和自己心贴心就不惜花费重金为之买车买房，或是直接许以其他物质报酬，一旦发生分歧或是有竞争对手许以更好的利诱，这种"铁"的关系就会崩塌。同样的，企业经营不是法庭断案，企业经营者也不是法官，单纯地跟铁班底成员讲大道理，也不可能与之长久地维持"铁"的关系。企业经营也绝不只是朋友交心，靠谈心、讲理想只能结交趣味相投的朋友，而无法让铁班底天长日久地维持"铁"的关系。

马斯洛需求理论指出，人类存在五大层次的需求：生理需求、安全需求、爱和归属感、尊重需求和自我实现需求。这五大层次需求中，生理需求排在第一位。生理需求具体包括人们对食物、水、空气、住房等方面的需求。现代社会中，人们通过劳动来换取流通的货币，也就是人们常说的赚钱，再用赚到的钱来购置生活所需的物资，让自己的生活更加舒适、惬意。俗话说"钱不是万能的，但没有钱是万万不能的"，人的日常生活离不开钱，人们住的房子、开的车子、穿的衣服、吃的饭菜都要钱，现代人每个月都要支出水费、电费、煤气费……工作之余人们需要娱乐生活、人际交往、孝敬老人、教育孩子……这些事情都需要用钱。

对于一家正常盈利的企业而言，老板的收入无疑是最高的，核心班底的成员收入通常是比老板低的。但是，如果想要让班底成员成为老板的"老铁"，老板和班底成员的收入之间就不能差距过大。否则，这家企业就成不了局，就不会有人来托老板。

如果班底成员跟老板的关系很铁，却无法赚到满足基本生活所需的钱，不管他们之间的关系有多铁，班底成员终究会离老板而去。

日常生活中，通常大家都希望自己的钱越赚越多、职务越来越高、生活越过越好，也就是说，每个人都在追求更光明的前途。

人们在得到金钱和地位的满足以后，就会开始审视自己所处的环境是否安全，在企业中能否找到归属感，在企业和家庭中能否得到爱，有无机会照顾自己所爱的家人。除此之外，人们还需要实现自己的价值，完成一定的社会使命，这就是人的尊重和自我实现的需要。

企业经营者要充分利用分配机制来解决班底对钱的需求；用伟大的愿景为他们提供晋升的机会，用神圣的使命和企业文化来满足他们的精神追求；用真爱来关爱身边的班底成员，用真心来关心他们的家人，帮助他们过上幸福的生活。

只要企业经营者能真正做到上述程度，他身边的班底成员就会包容他的小脾气，心无旁骛地跟着他一起打拼、一起奋斗。他们之间的关系就会密切得像铁一样牢不可破。

此外，要想让铁班底长久地保持"铁"的状态，经营者就必须让班底成员和自己站在同一个立场上。布局一个足够长的战线，充分利用精神捆绑和利益捆绑的做法为班底建立一个共同奋斗的阶段目标，一个阶段一个阶段地去达成，一个目标一个目标地去实现，用同一个精神目标来统一班底成员的思想，勇于与班底成员一起分享所得利益。如此方可将铁班底的成员团结在自己身边，通过同一个立场把涣散的人心聚合在一起，使之凝聚成一条心，真正建立起一个摔不烂、拆不散的铁班底。

》 经营两种人，员工与客户

对于一家企业而言，需要用心经营的无非两个方面：一是经营好员工，二是经营好客户。

要想经营好员工团队，首先企业经营者自身要保持良好的状态。

在企业日常经营过程中，经营者的一举一动都被员工看在眼里，并被他们当作企业当前经营状况、日后经营趋势的判断标准之一。一个精神状态良好、浑身充满正能量的经营者将传达给员工这样的信息：企业目前经营良好，在我的领导下，也必定会一直好好地经营下去；即使在经营中遇到什么问题，我也有信心、有能力领导大家克服困难。跟着这样的老板，员工才能找到归属感，不用担心自己随时会失去工作、丢掉饭碗；才能踏踏实实地安下心来认真做事。

反之，如果经营者脾气暴躁、一点就着，每天表现出一副很"丧"的样子，员工们需要花费更多的心力来迎合老板的心情，整日胆战心惊、如履薄冰，生怕一个不小心就引爆老板的暴脾气，被老板扫地出门……

试问，哪一个人能安心地、开心地在这样的企业工作？

| 案例 |

陈军是 A 公司的老板，最近这段时间，他婚外恋的对象不甘心只做"小三"，闹着让他跟妻子离婚后再跟她结婚。

陈军没有答应她的要求，她就闹到了公司，还打电话给他的妻子坦白了他们之间的关系。妻子愤怒之下要跟他离婚，并搜集了大量陈军出轨的证据，要求他净身出户。

很多客户听闻他的这桩风流韵事以后都认为对妻子不忠的男人是没有诚信可言的，更担心他的婚变会影响自己的利益，纷纷取消订单。公司的资金链很快吃紧，陈军的家庭和事业都陷入困境，他焦头烂额地奔走于各方之间，脾气也变得古怪、暴躁起来。员工向他汇报工作时，一个不小心就会被他骂得狗血淋头，稍有不慎就会被他大吼大叫地轰出办公室，他还在盛怒之下开除了几个老员工。

一时之间，公司人人自危，不知道老板什么时候会冲自己发火，也不知道自己下一秒的命运如何，会不会被老板开除……

陈军的竞争对手很快就对他公司的员工伸出了橄榄枝，员工纷纷辞职跳槽，他苦心经营的企业不得不关门大吉。

可见，企业经营者一定要保持良好的状态，在任何情况下都要与员工坦诚相对，做企业内部的定海神针，这样才能成功打造一支人心稳定、固若金汤的员工团队。

稳定好人心以后，经营者要善于抓住人性的弱点来管理员工团队。

一家企业的员工人数少则几个，多则成千上万，单纯地只依靠规章制度来管理是不够的，再完善的制度也或多或少地存在漏洞。对此，经营者要善于发现人性的弱点，并将这些弱点运用到员工团队的管理工作中。

俗话说，擒贼先擒王，这个道理在员工团队的管理方面尤其适用。

"二战"时期，巴顿将军发现有一半的战士是由于跳伞时降落伞失灵而致摔死，降落伞生产厂商提出了种种理由为自己开脱责任。巴顿多次问责，这个问题仍得不到解决。后来巴顿让厂商老板不定期地背着自家生产的降落伞跳伞，此后，这家企业生产的降落伞再也没有出现过失灵的问题。

从这个事例中可以看出，只要抓住团队的核心人物，很多问题就能迎刃而解。员工管理过程中，经营者一定要能通过复杂的问题看到其本质的原因，把问题落实到具体的负责人头上，准确找出员工的心理需要，即可通过最少的成本达到最好的管理效果。

牵住了各级员工团队的"领头羊"以后，再用价值观和信念来引导广大员工，团队管理就能达到事半功倍的效果。

什么是价值观和信念呢？打个比方，如果想让一台车去指定的 A 处，先要让车知道"油很重要"，也就是将"价值观"灌输给车；再告诉它，去了 A 处就能加油，这就是在它的心里种下信念的种子；最后，要让它知道自己是有条件、有能力到达 A 处的。

三个条件齐全以后，车就会心甘情愿地产生要去 A 处的想法，并用超强执行力将这个想法付诸行动。将这个方法引用到团队的日常管理当中，即可明确地为团队指明一个清晰的方向，让员工清楚地看到自己想要的东西，让他们相信自己有能力得到这些东西，如此一来，员工就会给自己建立一个远大的目标，并自动自发地为这个目标而努力。

解决了价值观和信念问题以后，经营者还要能清楚地洞悉广大员工内心真正追求的目标是什么。别自作聪明地跟员工去谈理想，其实很多员工的终极理想就是不上班。哪怕他在老板面前用冠冕堂皇的语言把自己的理想描述得如何精彩纷呈，其实他内心也许正在忠诚于另一个想法。老板只有真正地将员工想要得到的好处提供到位了，员工才会忠于老板的终极理想。

英国前首相丘吉尔就曾有过这方面的亲身经历。有一次，他乘出租车去某地演讲，途中突然又想先去另外一个地方办点事。司机说自己正赶着去听丘吉尔演讲，严词拒绝了他改变行程的要求。丘吉尔听到司机居然是自己的粉丝，大喜之下给了对方很多小费。谁知，司机见钱马上改口："行，我就在这里等你，才不管什么丘吉尔！"

从这个事例可以看到，人的忠诚有时候是存在于特定"时空角"①的框架内，有附带条件的。从来就不存在无缘无故的忠诚。推及企业的团队管理，忠诚并非员工的最终目的，每一个员工都是想通过自己的忠诚从企业和老板那里得到自己想要的好处，一旦这个"好处"不存在了，抑或是出现另一个更大的"好处"，他所"忠诚"的对象也将随之发生变化。

企业经营者一定要清楚地认识到，员工本身不会无缘无故地对老板忠诚，要想留住有用之才，打造一支稳定的、有

---

① 时空角，是时间、空间、角度所形成的框架。可以理解为在不同的时间、空间、角度对同一件事的理解不同。

信念的团队，就必须正确地读懂人性，用人性化的手段辅以严格的制度管理，如此方可管理好员工队伍，让他们充分发挥自己的潜能，为企业创造更大的利润，真正实现企业与员工的共赢。

企业除了要用心经营好员工团队，还必须在客户经营方面下苦功。毕竟，不管员工生产出了多么优质的产品，没有消费这些产品的客户，再高档的产品也将蜷缩在仓库里蒙尘，不能转化成企业的利润。

企业的客户可分成已成交客户和潜在客户（尚未成交）两大类。

参照"二八"定律，又可将已成交客户划分成小、中、大、VIP 这四个不同的等级，并针对不同的客户等级为其提供相应的资源和服务。

为客户提供服务时，一定要清楚地认识到，服务的价值是由客户真实的需要决定的，而并非提供服务者的一厢情愿。

打个比方，客户需要的是品质优良的产品，而我们却一味地强调自己供货周期短，客户下单的当天我们就能交货，交过去的货却总是存在这样那样的问题。这种情况下，不管我们多么努力，都满足不了客户的真正需求，得不到客户的

"芳心"。

举个例子，A 公司是一家电子零件生产商，该公司通过规模化的生产把生产成本控制到行业最低。但这种大规模的生产也有一个弊端，批量化的生产模式导致产品种类有限，产品生产周期拉长。

B 公司是 A 公司的客户，为了满足市场需求，该公司产品多种多样，每种产品的数量都不多，对零件的需求量也不大。

面对 B 公司的需求，A 公司引以为傲的优势已经毫无意义。

所以，客户经营的首要问题就是要清楚地了解客户的真正需要，并努力为客户解决这方面的问题。一味地强调自己的优势却不考虑客户的真正需求是不可取的。

在全方位了解客户的基本信息之后，还要站在客户的经营位置，想客户之所想，急客户之所急，要能精准地把握客户当前的经营情况及其终端的消费市场，并为其传递准确的营销信息，再结合企业自身的实际情况将市场动态传递给客户，跟随客户的脚步及时做好产品、服务方面的调整。

为了让客户及时占领市场，企业还要根据当前的市场情况与客户保持良好的沟通，准确地做好存货储备，避免出现脱销、滞销的状况。针对客户滞销的产品，要全面分析导致滞销的真正原因，找出各环节存在的问题，并联合客户做好滞销产品的处理。

此外，还要在客户的品牌培育、新市场开拓等多个方面做好协助工作，为客户提供专业的指导，在客户的市场开拓和占有过程中做其坚实的后盾。

在客户销售出现大幅波动时，要进行特殊拜访，结合市场的实际情况分析原因，为客户提出一系列行之有效的应对策略，帮助其走出困境，协助其创造最大的利润。

在经营好已成交客户的同时，还要抓好潜在客户，为企业开拓新客户。

潜在客户虽然还没有进行交易，没有给公司带来利润，但他们对产品和服务的要求却是真实存在的，只是暂时未与我们建立合作关系而已。也有的是因为自身产品转型而产生新的产品需求，未来有这方面的合作可能。

对于这种潜在客户，我们可以根据其未来成交的可能性将其划分成 A、B、C、D 四个不同的等级，并对各个级别的潜在客户投入不同的资源进行经营。

在与潜在客户建立合作关系之前，先要全面掌握其基本情况，特别要注意其财务状况、信用状态及其日后的市场走向，以免出现投入大量精力开发出来的客户只合作了很短的时间就转行做其他产品，不再使用我们的产品或交了货却收不到钱的情况。

　　总而言之，企业在日常经营中要先经营好自己的员工团队，带领员工生产出优质的产品，并与客户建立良好的合作关系，经营一批优质的客户，多方共赢，实现利润最大化。

》两个捆绑，利益捆绑与精神捆绑

从字面上来理解，捆绑指的是用绳带等束缚将人拴住，用以限制其人身自由。推及企业管理领域，于员工，是通过一系列行之有效的举措把他们留在企业、用心为企业服务；于客户，是充分运用各种合作政策来提高其忠诚度，留住他们的订单。

为了带领员工团队更好地为企业服务，经营者在管理、经营员工团队的同时，还需要通过一系列有效的措施来留住人才。员工团队的稳定、人心的忠诚，对企业的稳定发展意义重大。一家企业的人员流动过于频繁将加大人员的培训费用，还有可能因为交接频繁而出现工作脱节，不但会提高人工成本，还会加大工作差错的风险。

如何才能有效地将人员留下来，并确保其安心地、用心地服务于企业呢?

从来就没有无缘无故忠于企业的员工,所以,要想把员工留下来,就要从利益和精神两个方面对其进行捆绑。

日常工作中,有的人会将老板与员工之间的关系看作是剥削与被剥削的关系,老板把员工视为压榨对象,制定出一系列的制度来约束员工,千方百计地压榨他们的剩余价值。在这种情况下,员工就会倍感委屈,想尽办法斤斤计较,尽可能地偷奸耍懒,抱着"老板给我多少钱我就干多少活"的消极心理当一天和尚撞一天钟。

这种恶性循环无外乎有两种结果:老板看员工不顺眼而炒了他的鱿鱼,或者是员工受不了老板的压榨愤而辞职。

一两个人的离开的确对老板产生不了太大的影响,但那些善于炒员工鱿鱼的老板、员工流动太大的企业通常内部管理一团糟。每一个老板都经不起多数员工的离开,而一个丢掉工作的员工则将因为失去工资而饿肚子。老板只有赚钱了,才有可能给员工提供福利、发放奖金;一旦老板做了赔本的买卖、企业破产,员工可能连工资都拿不到,只能陪着老板一起"吃土"。

可见,老板和员工是存在巨大共同利益的:一方面,老板需要员工的劳动来为自己赚钱;另一方面,员工则需要老板发的工资养家糊口。

对此，企业经营者在日常管理中要从高高在上的神坛上走下来，真正放低身段，正视自己与员工之间的利益依存关系，从自身做起，把这种经济利益上相互依存的观念灌输到员工的心里。除此之外，还要真正拿出一部分利益与员工分享，让他们看到赚钱的希望。

员工能死心塌地地跟着老板、忠于老板，是因为他从老板和企业那里看到了自己的希望，老板和企业能提供给他们想要的东西。虽然老板也不会从自己的腰包里掏钱出来分给员工，但可以向市场额外多要财富为广大员工分红，把分红当作捆绑的绳索，将员工的"钱途"与企业发展牢牢地捆绑在一起。

分红是门技术活。哪些部门参与分红、各部门分红的额度如何控制都是至关重要的。

因为班底在公司担负的责任仅次于老板，对公司所做的贡献也排在全体员工之首，所以，他们的分红要控制在40%~50% 的份额，其余 50%~60% 的份额再按权重分给其他部门。

这里所说的权重指的是各部门对业绩的重要程度，也就是说，各部门对业绩所做贡献的大小。

为何要按权重来为其他部门分红？不是平均分，也不是只分给销售部门呢?

A公司经营的是高端服装。有顾客在该公司的一家门店看中了一套西服,售价超过1万元,顾客当时不方便付款,没有当场购买这套衣服,但他和业务员互留了手机号和微信号。

晚上八点半,顾客打电话给业务员,让他把西服送到机场。因为每销售一套衣服业务员都能拿到相应的提成,所以,即使下班了,业务员还是会很乐意为顾客送货的。但是,要拿到货,就需要库管员打开仓库。此时,库管员已经下班回家了,要他再白白跑一趟公司开门拿一套西服,他当然是不肯的。不得已,业务员只好找他的主管出面协调,请他来开门。但是,仓库主管也认为大家已经下班了,业务员此举是加重大家的工作负担,如果每个人都这么办事,库管员就没有下班时间可言了。所以,仓库主管也不答应帮他这个忙。

最后,业务员无奈之下只好向老板汇报情况。在老板的指令下,库管员一肚子怨气地赶到公司打开仓库……几经周折下来,衣服送到顾客手里时差点让顾客误了飞机。顾客很不开心,抛下一句话:"从今往后我再也不去你们家买衣服了。"

这个案例中，库管员和仓库主管为什么都不愿意配合业务员的工作？最大的原因在于他们的配合是义务劳动、是无利可图的。俗话说，无利不起早。让一个已经下班的员工自己搭上交通费用跑回公司去无偿加班，这绝对是不合理的。这种不合理打击的是员工的工作热情，受伤的是客户，损害的是老板的利益。

现实工作中，上例中的情况屡见不鲜。诚然，诸如仓库、财务等众多后勤部门都不需要直接与客户接触，这些部门的员工看似与公司的业绩无关，但实际上，公司的每一分钱利润都离不开他们的贡献。销售部门只不过是离客户最近的那个部门，业务员是那个将其他部门的工作结果呈现给客户的人。业务员、业务主管、业务经理的收入就是做业绩、达成目标，用业绩实现自己的收入，收入的高低取决于客户。其他部门也要找到自己的内部客户，也就是说，每一个部门都要找到自己服务的部门。找不到服务对象的部门就没有存在的必要，可以直接取消了。各个后勤部门的业绩由其内部客户打分实现，推及上述案例中，如果库管部清楚地知道销售部就是自己的客户，工资收入的高低取决于自己对销售部服务的好坏，这种情况下，库管员就会全力以赴地支持业务员的工作。

通过上述案例可见，在企业经营过程中，每个部门都要明确自己的内部客户是谁，用部门来考核部门，用部门来提升部门，用部门来管理部门。如此一来，企业就不会再围着老板转，而是围着结果转、围着客户转、围着业绩转，不管老板在不在公司，员工都会全力以赴地工作。那种"老板在公司我就拿着扫把扫地，老板不在我就打游戏"的现象也将不复存在。

企业业绩是全员共同努力的结果，所以，必须按照一定的权重为各部门分红。

员工只会因为看到希望而留下来为企业效命，企业经营者一定要通过规章制度等方式让员工清楚地看到自己留在企业能得到什么好处、能看到什么希望，如此方可把员工和企业捆绑起来。在与员工打交道时，经营者一定要摒弃"我是老板就高人一等"的心态，秉承员工与企业"双赢"的观念来对待员工。

有些老板的心理是"又想马儿跑又想马儿不吃草"，在这些老板眼里，最好的员工是只做事不拿钱；而大多数员工都希望找到一份"钱多活少离家近"的工作，甚至有人想找"最好不要上班就能拿钱"的工作。在现实生活中，这些情况都是不存在的。老板一定要克服这种唯利是图的心理，清楚地认识到只有帮助员工幸福才能让他们心甘情愿地留下来为自己创造利润，要让员工知道"大河涨水小河满"，只有公司赚到钱了，员工的收入才会水涨船高。

企业可通过分红这道绳索，将员工的利益与企业的发展捆绑在一起，员工拿到的工资都是自己借助企业这个平台创造得来的，不管员工拿到多少工资，都无须老板自掏腰包、都不会损害老板的利益。员工拿到的钱越多，老板赚到的利润会更多，员工和老板的利益是一致的，而非互为矛盾，如此即可成功地将双方的利益捆绑在一起，实现双方利益的最大化。

强盗式的利益攫取只会导致利益捆绑的中断，继而使得员工与企业的合作分崩离析。和老板相比，员工只不过是在资源上处于劣势、在专业上各有专攻，但员工绝对不是"老板你说啥就是啥"的傻瓜，他们有正常的思维和利益的取舍，能清楚地看到老板每个举动背后的真实意义。

所以，企业经营者一定要正视员工在企业的重要地位，从心出发，用心地对待员工，并辅以一系列真正为员工着想、给员工提供好处的措施，通过薪酬、分红、期权、股权、承包等利益捆绑方式把员工利益和企业的利益捆绑在一起，让他们对企业产生归属感、依赖感，最终在精神上也与企业牢牢捆绑在一起，把企业当成自己的家，把老板的事当成自己的事情来做，让其心甘情愿地留下来成为老板的铁班底，尽心尽力地为企业服务。

一家企业要想长期、稳定地发展，单纯地将员工捆绑在一起是不够的，还要与客户建立捆绑关系。只有与客户深度捆绑在一起，才能让客户"跟着我们混"，让企业持续地、稳定地发展下去。

日常工作中，很多人把客户当作上帝，客户说东不敢往西，也不管客户的要求是否合理，客户说什么都唯唯诺诺地应承下来，当客户提的是无理要求时，就回来把压力施加给内部员工，要求他们想方设法、加班加点地来迎合客户。殊不知，长此以往，不但助长了客户不讲理的歪风，还会给企业内部员工带来不必要的压力。

为了争夺更多的订单而曲意奉承客户，实际上是一种饮鸩止渴、舍本逐末的做法。经营者一定要清醒地看到，客户提出的那些无理要求，在我们这里得不到满足，在竞争对手那里也同样得不到回应，即使竞争对手为了抢夺市场而刻意迎合客户，他们的关系也不会很长久。企业的最终目的是盈利，没有谁会愿意长期做赔本买卖，所以，无须为了订单而放低自己，更无须带着奴性来与客户打交道。

如何才能让客户站在我方的立场来考虑问题？怎样才能让客户在追求自身利益的同时还尽可能地维护我方利益呢？这就要求企业本着平等的心态，巧妙地用利益和客户捆绑在一起，使其对我方产生依赖，成为我方忠实的客户。

销售方提供给客户的产品可分为品质产品和价值产品两种。

现实生活中，销售方通常只是单纯地向客户销售其品质产品，却忽略了向客户提供价值产品来把客户和自己捆绑在一起。如果销售方不但能按照货期为客户提供优质的货物和服务，还能为客户解决一些其他方面的问题，增加其他行业价值，在一众竞争对手中，客户的天平自然会往能提供有价值产品的一方倾斜。

海底捞就是个典型的、成功的案例。

海底捞设有等位区，客户在这里吃火锅时，无须像在其他火锅店那样傻傻地干等，而是可在等位区享受美甲、熨烫衣服、做发型、照相等增值服务，这些在外面收费不低的项目在这里都是免费的。客户在这里花一份吃饭的钱却能享受多项其他服务，切实找到了占便宜的感觉。正是凭借这些增值服务，海底捞成为火锅业的领头羊，一到饭点就人头攒动，用餐高峰期时还需要排队等位。

并不是海底捞的火锅真的比其他火锅店美味到哪里去，而是他们让客户享受到了增值服务，哪怕这里的收费比同行更高一些，因为有了这些成本并不高的增值服务，客户在这里找到了占便宜的感觉，就更愿意在这里消费。

在餐饮等服务行业，一旦客户在一家店消费三次，就可能会成为这家店一辈子的客户。从心理学的角度来讲，当客户在一家店消费三次，就会对这家店产生依赖感，也就是成功地被这家店实现了精神捆绑。

消费路径依赖也是一个不错的捆绑工具。

举个例子，在种子、化肥批发行业，因为没有赚到钱，有些经销商第二年不再订货了。此时，如果批发商给经销商送一个卡，该卡的成本价是900多元钱，经销商可凭该卡兑换一台标价为9800元的摩托车。那些经销商虽然赔钱了，却有可能为了兑换这台摩托车而再次光临批发商。只要他连续三年在这家批发行订货，他就会对这家批发商形成路径依赖，一辈子都是该批发商最忠实的客户。

当企业把员工团队和客户群体都牢牢地与自己捆绑在一起时，即可带领员工团队生产出优质的产品，为客户提供优良的品质产品与价值产品，让客户对其产生依赖感。在多方共赢的情况下实现自身长期、稳定、持久的发展。

第 2 章

开财眼：

让客户排队进场，绝对成交

同行是冤家？酒香不怕巷子深，用心做好自己就是王道？

不不不，众人拾柴火焰高。尺有所短、寸有所长，抬起头来微笑面对同行小伙伴，伸出手来联合各界精英。

开财眼，学习如何跨界经营成就绝对成交。

》 跨界与杂交，创造绝对优势

二十世纪六七十年代，我国处于计划经济时期，市场上流通的产品都是按照政府下发的生产计划来生产的，再按照计划分配下去，生产出来的产品是皇帝的女儿不愁嫁，厂家无须在产品销售方面伤脑筋，也根本不存在市场营销这个概念。

改革开放的大幕拉开之后，各行各业的产销模式发生了巨大变化，政府包产包销的方式不复存在，厂家需要自辟销路、自主生产，五花八门的营销方式层出不穷。消费者经过这么多年的历练已经练就了火眼金睛，一眼就能看穿商家的营销把戏，市场营销举步维艰。

如今的市场上，消费者可选择的同类产品实在太多了，市场也随之步入了产品优势时代。市场上同质化的产品众多，比同类产品更具优势的产品才能让客户在花费相同的情况下得到更多好处，所以，消费者更趋向于选择那些有优势的产品。"如何让自己的产品成为同行业中有优势的产品"已经成为各大企业不容回避的课题，为了争夺有限的客户资源，各大企业想方设法、各显神通，投入了大量的时间和精力进行研究和尝试。

传统的营销模式通常仅限于向客户提供品质产品，而今，很多企业不但在为客户供应品质产品，同时，还千方百计地为客户提供更多的价值产品，这些价值产品就是通过跨界合作得到的。

何谓跨界？即将原来的企业壁垒打碎，再进行重组。

如何才能做到跨界重组呢？

做到跨界重组，即完成资源的整合与融合。要把自身资源与其他看似不相关的资源进行符合逻辑的搭配，从而互相放大资源的价值。行业、品牌、特征都是跨界可运用的元素，实现出乎意料的融合，能让人觉得浑然天成、趣味横生，产生商业和社会双重价值提升的效果。

对于一家经营电脑的企业，如果可以打破单纯销售电脑的限制，通过科学的合作方式与游戏、动漫、电脑软件等多家其他领域的企业融合在一起，重新组合出一款新的产品，这款新产品在性能、价格上比其他同行产品更具优势，消费者们就会更趋向于购买重组后的新产品。

可见，经过跨界杂交后，我们的产品就不再是原来单一的产品，而是一个"杂交"了很多种其他产品的产品大组合，这种新型的组合产品具备了旧产品所没有的价值，对比同业产品拥有绝对优势。原来的厂商也不再只是单纯地经营某一个领域的产品，它的经营已经打破了原来的领域，成为跨越多个领域的联盟经营。

也就是说，在新的产品面前，我们的同行只能望洋兴叹，根本无法再跟我们站在同一条线上进行比较。这种绝对优势出现以后，客户只花一份钱却能从我们这里得到多份价值，这就给了客户非买不可的理由。事实上，在跨界、重新组合的过程中，我们的生产、经营成本几乎没有什么变化，却能带给客户更多的产品价值，真正实现了企业和客户的多方共赢。

案例

以服装店而言，所经营的服装无外乎就是男装、女装、童装；再分细，有做内衣的，有做外套的；或是再别出心裁一点，有专门针对老年人的，有专门针对白领一族或是肥胖人群的……然而，不管老板怎么跳脱，一条街上的服装店多不胜数，各家服装店的产品同质化也会非常严重。为了吸引客户，很多商家采用打折、VIP 积分送礼等方式试图增加自己在同行中的竞争力。

　　这些做法的确能在短期内产生一定的作用，为商家增加一定的销售额。但这种营销模式是在让利给客户，是以牺牲商家的利益为前提来进行的，而且门槛很低，很容易被同行复制，从长远来看，并非良策。

　　同样是一间一百多平方米的服装店，大家都配备了销售人员，大部分的服装店老板是这么做的：尽可能利用这有限的空间把自家服装呈现在客户眼前，客户一进店就被衣服包围，有种沉浸在服装海洋中的感觉；老板们将这些销售人员定义为服务员，他们的工作就是为客户提供服务，如站在门口卖力地用自己的热情把客户拉进店里，再跑前跑后帮助他们试衣服，不管人家穿在身上合不合适，都本着"我家衣服最漂亮"的心态对客户一通胡吹海赞，不管合不合身都劝说客户打包买走。

　　客户一旦走进这种服装店，立马就有一种要花钱的压力感，分分钟想逃跑，根本没有心思去试衣服。哪怕真的试到了一件很合身的衣服，因为服务员给他们施加的压力，他们会从心里产生一种莫名抵触情绪，很少人会在这种心态下愉快地买走一件衣服，更别提成为这家店的忠实客户，也就不要指望他们再介绍自己的亲朋好友来这家店买衣服了。

　　还有些服装店的老板则不那么急功近利，他们花不多的钱对销售人员进行色彩搭配、形象设计方面的培训，给他们冠以"形象顾问"的称号，为每一位进店消费的客户提供中肯、真实的建议，非常专业地协助客户挑选适合自己的服装。

店面在装潢方面也可以别出心裁，把最显眼的地方设计成休闲区，为逛街的客户免费提供茶水饮料、无线 Wi-Fi 等升值服务。虽然这些饮品并非上乘货色，价格非常便宜，因为是免费提供的，客户也不会过多计较。对商家来说，这种免费服务的成本并不高，有的甚至是零成本；而对客户来说，这些却是高价值的服务，是同行没有的服务。

休闲区所在的区域，坐在哪个位置都能看到衣服。不怕客户占便宜，就怕客户待的时间太短，客户待的时间越长，就越有可能在店里消费。

这种设计下，客户就能在轻松、专业的氛围下消费，很多原本没有打算买衣服的人都有可能从这里"顺便"买走一两件衣服。

对那些充值客户、VIP 客户，商家还会视其消费情况向其低价推荐诸如"男人俱乐部""智慧女人俱乐部"之类的关联消费。客户本来无意去这些看起来高大上的"俱乐部"消费的，但因为有了商家"半买半送"式的优惠，客户从中找到了占便宜的感觉，很乐意地又消费了新的产品。

除此之外，销售服装的店铺还可以与美容店、美甲店、美发店等多个行业的商家结成联盟，大家抱成一团，发挥团队优势，用低廉的成本引流客户，然后共同分享客户的钱袋子。

几杯成本低廉的饮料即可成为商家的引流利器，轻轻松松招揽很多原本没有消费打算的客户。一旦客户走进店里，就会被"占便宜"的良好感觉所包围，不知不觉地在这个商家联盟中一再地消费。只要客户在这里消费三次以上，就会对其产生依赖感，成为最忠实的客户。客户在这里消费得很愉快，还有可能会进行转介绍，把自己的亲朋好友都带到这家店里来，为商家带来更多的客户。

这种情况下，这家服装店已经不再是一家单纯经营服装的店了，它成功地打破了服装经营的界限，客户在店里不但能买到自己心仪的衣服，还能享受到进店以前他们想象不到的服务，这种新鲜感对客户也很有吸引力，能刺激客户产生更多的消费欲望。

将上述案例中两家不同的服装店进行对比，客户更愿意到哪家店消费呢？即便客户一眼就看穿了上述案例中第二家店的经营小把戏，但因为在这里能得到切实的好处，能找到"占便宜"的感觉，他们仍然会很乐意在这里消费。

从这个案例中，我们可以看到，对比同行，"杂交"重组后的新产品拥有绝对的产品优势，在这种产品面前，客户找不到不买的理由。

市场营销的战火燃烧至今，大量的营销策略在激烈的竞争洗礼下已经褪去了当初的色彩，商家在不断地改进自己的营销模式，客户也在随之成长，一眼就能看穿商家营销的小猫腻。企业要想在白热化的市场竞争中取胜，就必须打破自己原有的界限，打开思路，跨越行业、地域的界限，与其他地区、各行各业的企业联手起来对产品进行重组，推出更多、更新、更具绝对优势的新产品。这些组合的、新的产品将凭借自己的绝对优势在同行中脱颖而出，得到客户的垂青，牢牢抓住客户，使之成为企业一辈子忠实的客户。

》 跨界连接，让客户产生依赖

市场竞争是激烈的，世上最不忠诚的人就是客户。跨界重组的产品的确能凭借其绝对优势抢占一定的市场，但是，随着时间的推移，这种组合模式也会被同行学习、复制，无法一直保持优势。

再者，人都有尝鲜的欲望，这就正如一个人天天吃山珍海味也会有腻味的时候，就会想着换一换口味去吃些清粥小菜。受这种心态的驱使，即便我们的产品比同行有更多的优势，客户也会有"换口味"到别家消费的欲望。一旦客户转身离开，就有可能被同行的其他优势所吸引，减少光顾的次数，甚至完全"背叛"，不再回头光顾。

如何才能长久地留住客户已成为广大商家迫切需要攻克的难题。

研究发现，客户与企业之间会经历三个不同的时期。

第一个时期叫新鲜期。在这一时期，客户刚刚开始接触企业、消费产品。此时，如果企业的产品的确比同行产品更具优势，客户会有再次消费的想法。若客户的消费体验不佳，客户将转而消费其他同类产品。

第二个时期叫恶腻期。在这一时期，客户已经消费了一段时间，开始对自己所消费的产品有了恶腻感，并产生了尝鲜的欲望。即便产品在质量和使用性能上都合乎客户的需求，客户仍然会有消费其他同类产品的欲望。

这两个时期非常关键，如果不能在此时留住客户，客户就会转身离开、不再光顾。此时，如果我们能帮助客户走过恶腻期，就能引导其顺利地步入第三个时期——依赖期。

在第二个时期过渡到第三个时期的过程中，客户的心态会发生一个微妙的变化，这个变化过程就好比是当前社会上一些家境富裕的老人钟爱咸菜疙瘩的过程。刚开始的时候，这些人和普通人的口味是一样的，他们也不喜欢吃如此难以下咽的东西。但是，因为当年家庭条件不好，在那个物资匮乏的年代，人们别无选择，只能吃到这样的食物。虽然难以下咽，但在艰难地度过恶腻期以后，人们对这些食物形成了依赖，这些食物反而能胜过其他美味，成为他们的心头好。

这个道理对企业的产品销售也同样适用。即便企业的产品在同类产品中不是出类拔萃的，在质量和使用性能上也不如同类产品，但是，客户被企业推出的其他政策所吸引，有了多次消费经历，已经度过了恶腻期，就算以后有更好的选择摆在客户面前，他们仍然会对之前的产品情有独钟。

然而，在物质生活极大丰富的今天，市场上的产品高度同质化，企业要怎样才能带着客户顺利走过恶腻期呢？

大量的实践证明，积分捆绑是一种最有效的方式。只要让客户成为我们的积分客户，在他们的消费积分达到一定分数时，商家对其许以其他好处，为了达到商家承诺的积分，客户就会在同行业中选择有积分承诺的商家来消费。

例如，某美容店推出了 VIP 积分卡。凡进店客户均可扫描该店的微信二维码成为 VIP 客户。

VIP 客户可享受如下优惠：第一，9 折消费。不管客户进店消费多少钱，均可打 9 折。第二，消费积分。客户每消费 1 元钱，就在其 VIP 卡上积 1 分。第三，积分兑换礼品。当客户的积分达到一定的分数，就可兑换相应的礼品（有精美的饰品，有不同档次的护肤品，也有到店消费的美容项目，客户可根据自己的喜好用积分来消费这些礼品，不同礼品对应消耗的积分分数也不相同）。第四，积分兑换现金券。值得注意的是，兑换的是现金券，而非现金，现金券只能在本店消费时使用（也就是说，老板只是用更便宜的价格为客户提供服务，但并不需要从自己的腰包里掏钱出来换给客户）。

如今，这种积分卡已经成为很多商家挽留客户的手段。虽然已经越来越普遍，但仍然能在一定程度上增加客户的忠诚度。当客户在同一个商家消费三次以上，就会对其产生依赖感，形成一种无意识的消费习惯。所以，商家通过积分卡、储值卡等营销手段可以在一定程度上捆绑客户，帮助其走过恶腻期，顺利进入依赖期。一旦客户进入依赖期，基本上，他这辈子都会是我们最忠实的客户，不会离开。

然而，客户的恶腻期长达两年，单纯地依靠积分卡、储值卡来捆绑客户在一个商家消费两年并不是一件很容易的事情。积分卡和储值卡也不是什么新鲜事物，并非少数商家独特的营销手段，市面上已经有很多商家都推出了积分卡和储值卡。在这两年的时间里，客户完全有可能会到我们的竞争对手那里消费。

如何才能让客户在这长长的两年时间里始终如一，只在我们这里消费呢？

跨界连接是最行之有效的方式。

这里所说的跨界，同样是指跨越产品的界限、跨越地域的界限。

连接指的是连接附加价值，即实物礼品、非实物礼品。打个比方，为了销售主打产品，商家要先准备一批小礼物，之后就开启积分换礼品的绝对捆绑模式。运用这种模式累积了一定数量的客户时，商家就拥有了足够大的平台，此时即可研发高利润的产品，再把这些高利润的产品销售给原有的客户和市场。那些不能销售高利润产品的企业实际上就是尚未累积充足的客户，未能搭建起一个足够大的平台。

这种情况下，企业可通过收取三种费用来搭建客户平台。为了更形象地说明问题，我们把企业比作一个靠收取费用来盈利的停车场。第一种费用是基本不赚钱的入场费，通过收取这笔费用来与客户建立合作关系，以此引流，积累更多的客户；二是赚钱不多的过道费，以此来应付企业运作的各项开销、保证企业的正常运作；三是真正赚钱的停车费，企业正是通过销售跨界的背后产品来盈利赚钱。

例如，某幼儿园，研发了一系列亲子教育课程，用为社会做慈善的旗号对外免费开课，他们给周边能接触到幼儿园客户的玩具店、童装店、儿童摄影店等都送了亲子教育课的门票，把这些店都变成了自己的合作伙伴。凡是到这些店的顾客，只要有3岁以上孩子的家长，店家就可以免费赠送一张门票。只要家长来听亲子教育课，听到动情处，讲师们就开始给他们推荐自己的幼儿园，对于提前交完 3 年学费的家长，就赠送价值 10 万元的"家族建设"课程。在"家族建设"课程中，又给他们推荐小学全年的补习班……

如此这般不断延伸，尽可能地把客户群相同的行业连接起来，大家抱成一团，把各自的产品连接成一个产品联盟。只要客户在其中一个商家消费，他就成了大家共同的客户，大家对这些客户提供各种优惠，为他们的消费开辟各种绿色通道，让他们体验在其他同行那里得不到的优惠和便利。

这种操作模式下，客户就陷入了一个营销联盟网，即使他们有所察觉也不会反感，反而会因为享受到了"占便宜"的感觉而沦陷其中、乐此不疲。

值得注意的是，使用这种营销模式时，企业应该首先打破自身的界限，走出自己原有的行业领域，到其他领域寻找合适的合作伙伴，这样才能用最少的成本实现利润的最大化。

如果企业不想跟其他商家分享客户，而是想一家独大，把触角伸到其他领域，成立一个新的公司来生产市场上已经高度成熟的产品或是为客户提供市场上已经完善的服务，那这家新公司在竞争过程中就没有太多的优势。企业需要为此投入的成本远远高于在市场上寻找一家成熟的合作伙伴，能取得的利润反而比合作模式更低。

例如，对于奥迪汽车的生产厂家而言，在方向盘的需求上可以有两种选择：一是自己成立一家方向盘生产企业，自主研发、生产；二是从全球最大的方向盘厂直接采购。试问，哪种方式的成本更低呢？

先来看第一种方式。新成立一家企业，必须建设厂房、购置相应的生产设备和原料，还要配备大量的员工，这一系列的工作不但要投入大量的成本，还需要经过一段相对漫长的时间才能准备就绪，投入生产。

再来看第二种方式。全球最大的方向盘厂是历经行业洗礼的优胜者，他们在产品质量、生产成本、交货周期方面都会比一家新成立的公司更有保障，奥迪公司只需直接下订单、付货款即可。

将两种方式进行对比，很明显，第二种方式的成本要低得多。这个道理是经过大量实践验证的。美国是全球经济最发达的国家之一，其境内很多公司都是以低价直接向开设在发展中国家的工厂下单采购，再冠以自己的品牌，转手即可以更高的价格卖给客户。这些公司正是利用了发展中国家人工成本低廉的优势，打破原来的国界，从美国走出来，连接全球其他更具成本优势的地区，以此获取更大的利润。

综上可见，企业要想用最低的成本、最大力度地留住客户，并不需要自己面面俱到，重新投资其他领域，只需从原有的客户消费这块蛋糕上切一点出来分享给其他领域的合作伙伴即可。同时，企业也能从合作伙伴那里得到更多的客源。对企业而言，并没有任何牺牲，反而收获了更多的客户。这就要求企业先打破原有的界限，突破原行业、原地域的限制，敏锐地寻找其他领域、其他地区的合作伙伴，通过利益捆绑的方式跟他们连接在一起，生成一个新的组合产品，将各自的优势充分发挥出来。再通过这个新的产品网让客户体验到前所未有的便利，让他们在每一次的消费中都有"占便宜"的感觉。

如果能真正地做到这一点，对客户来说，每一次消费都是一次新的尝试，都能有更多、更新的体验，别说两年的恶腻期，这辈子他都找不到离开我们的理由。

总而言之，企业要想在白热化的市场竞争中独辟蹊径，争得一席之地，就必须勇敢地打破现状，合理地通过利益捆绑把自己和其他领域、其他地区的合作伙伴连接起来，在与合作伙伴分享原有客户的同时，也能从其他行业分享到更多的客户和利润，真正实现企业、客户和合作伙伴的三方共赢。

》 跨界生蛋，取得最高利润

俗话说同行是冤家。自古以来，同行业就是存在竞争的。在我国由计划经济转型为市场经济以后，同行之间的竞争愈演愈烈。

一家企业要想在同行中力压群雄、一枝独秀，不但要在质量、服务上超过对手，在价格方面也不能高于同行太多。

我国经济复苏的初期，很多企业都属于小规模生产，受科技落后的原因所致，很多产品都采用人工手动的方式来生产。这种生产模式下，因为手工生产存在很多不可控的、人为因素的影响，生产效率低下，产品质量得不到保障，生产成本也居高不下。

随着科学技术的不断发展，各种先进的生产设备逐渐代替了人工生产，相同产品的造价更低、质量更高，也更具市场竞争力。不管技术发展到什么程度，工厂仍然离不开人员的运作。毕竟，即使是全自动化的生产设备，也需要有人来操作。

为了更有效地压缩成本，很多企业把眼光转向了人工成本低廉的发展中国家。这些企业不再受行业、地域的限制，跨越了原有的行业、地区界限，以期通过跨界生蛋的方式来达到绝对互生的效果。这种操作模式跨越的是地域的界限。

如果把传统营销模式的竞争比作是一棵树与一棵树之间的竞争，那么，跨界生蛋的新模式下，市场竞争就是一片森林跟另一片森林之间的竞争。原来只是相同行业内一家企业与另一家企业之间的争夺，现在已经演变成了一个产业链与另一个产业链之间的竞争。这就要求企业通过绝对互生的方式，把自己跟相关行业互生起来，如此方可得到最高利润。此时跨越的就是行业的界限。

为了更清楚地阐述个中的关系，我们再以幼儿园当作实操案例进行说明。

| 案例 |

对于一家民办幼儿园来说，招生是摆在园长面前最大的一个难题。园长们必须清楚地认识到，幼儿园不赚钱是正常的，幼儿园必须壮大自己的平台，平台壮大了就不必担心赚钱的问

题了——孩子所有教育学费的起步都是从幼儿园开始的，抓住了起点就等于抓住了全部市场。如果想要把孩子上小学、上初中的教育学费都抓在手里，就要解决好招生的问题，这也是最源头的市场起步。

幼儿园直接接触的客户通常是孩子的妈妈（因为孩子的爸爸一般都把重心放在工作上，比妈妈更少地关心孩子上什么学校），要想吸引妈妈们把孩子送到幼儿园来，首先要解决的是妈妈的感受问题。

其实，很多幼儿园在资质、实力上相差并不大，也就是说，大家能提供给客户的产品品质不相上下。孩子入园以后，园方将经常与家长进行互动，这个互动的过程如果给家长的感觉不好，他们就会直接认为这所幼儿园不好。互动过程如果能打动家长的"芳心"，让他们感觉该幼儿园在幼儿教育方面是专业的，一门心思都放在孩子身上，他们会很放心把孩子送到这里，他们就会认为这是一所好幼儿园，是值得把孩子托付在这里的。

有了这两个观念的支撑，幼儿园就可以开始制定一个跨界生蛋的招生方案了。

先要做好三项准备工作：

首先，设计一堂价值 1980 元的"亲子教育"课程，课程的内容分为两大块，一半讲亲子教育，一半是幼儿园推广。

然后，进行跨界整合，将 3 岁前的孩子家长当作目标客户。在玩具店、儿科医院、童装店、儿童摄影店、儿童游乐园等所有能接触到目标客户的地方放置 100 张"亲子教育"课门票，免费发放给目标客户。值得注意的是，所发放的门票要盖上发放单位的公章或是有对方的签字，并在幼儿园建档（在门票上加盖发放单位的公章或是有该单位签字是为了方便后期的利益分配；在幼儿园建档是为了便于幼儿园全面掌握潜在客户的相关资料）。

最后，再研发几门其他的课程，如"幼儿责任心建设""学习兴趣启发班""家长如何教育孩子"，这三门课的价格都可定在 9800 元，再加上价值 28000 元的"青少年领袖训练营"及价值 38000 元的"学习能力开发"。

做好上述三项准备工作以后，即可进行招生工作。

第一步，要寻找合适的联盟商单位。虽然玩具店、儿科医院、童装店、儿童摄影店、儿童游乐园等这些能接触到目标客户的商家都可以作为招生的联盟单位，但是，每家店的经营观念不一样，我们需要找到志同道合的商家结为联盟。

第二步，给每一个联盟商发放 100 张"亲子教育"门票，门票上加盖对方的公章或签字。公章和签字用于区别联盟单位的出处，明确每一个联盟商发放了多少张门票、带来了哪些客户，这也是后期利益分配的直接依据。

第三步，明确赠票对象——3岁之前的孩子家长。所有的产品都有自己的消费群体，3岁以上的孩子基本上已经入学。每一张票都要花在准客户身上，而非漫无目的地见人就赠。

第四步，每有一位孩子家长前来听课的，给联盟单位发放20元微信红包。虽然此时家长尚未交费，但联盟商已经付出了劳动、完成了赠票工作，就应该给予相应的报酬。

第五步，通过亲子教育的课程向家长灌输幼儿园的教育理念，并告诉家长我们幼儿园的好处，客观地分析竞争对手的弊端，并将我方与对方进行对比，将我方的优势清楚地呈现在家长面前。对比才有差距，通过对比，让家长更加认可我们幼儿园，更容易将孩子送到我们的幼儿园来。

第六步，在亲子教育的课堂上向家长灌输夫妻相处之道的重要性，要让他们知道：夫妻和谐的家庭，孩子不用特别教育也能成才；夫妻交恶、不和谐的家庭，孩子再怎么教育也难以成才；夫妻关系的好坏对孩子性格的养成起到了决定性的作用。借助这一理念来向家长推广其他课程。

第七步，宣布现场优惠政策，现场交齐3年学费的家长，赠送原价9800元的"家长如何教育孩子"课程，这个课程本来就对家长很有吸引力，如今只要交齐3年学费就能免费赠送，家长们当然会觉得自己占了很大的便宜，成交率自然就上来了。打铁要趁热，要在家长们心潮澎湃、心情激动的时候促使他们抓紧时间报名、交费，如此才能事半功倍，有效提高成交率。若等到家长们离开会场，回到家以后再逐个打电话去邀请他们来填报名表，此时他们的感性情绪已经消退，还会受到其他家庭成员或是亲朋好友的影响，报名交费的积极性就会大打折扣。

第八步，现场开放 10 分钟报名、交费。报名时间并非拉得越长越好，准备工作做到位、工作人手充足的情况下，10分钟足以帮助现场有想法的家长成功办理报名、交费手续，而这短暂的 10 分钟更能让家长产生紧迫感，有利于促进成交。

第九步，继续讲课，塑造赠品的价值，让家长看到每一门课程都有学习的必要，都物超所值。俗话说"三分人才、七分打扮"，一样的道理，用先进的理念对赠品进行必要的包装能有效提升其产品价值，刺激家长想要得到该赠品的欲望，让他们产生"占了大便宜"的感觉。

第十步，按照事先的约定回馈联盟商。对 1 年期交费的家长，回馈联盟商 500 元；对 3 年期交费的家长，回馈联盟商1000 元。因为无须投入任何成本即可得到高额回报，联盟商当然很乐意帮我们送票。

第十一步，在免费赠送的课程上向家长推广补习班、兴趣班，并推出现场报名、交费的优惠政策。报全年小学兴趣补习班的，赠送价值9800元的"责任心建设"和"学习兴趣补习班"的课程；报全年中学补习班的，赠送价值28000元的"青少年领袖训练营"；报名交费各种特长班的（如音乐班、口才班等），赠送价值38000元的"学习能力开发"等课程。

随后，继续开放10分钟的报名、交费，课程结束后，再根据交费情况向联盟商回馈相应的微信红包，并根据报名交费的人数向音乐学校、钢琴学校等各种特长班索要返点。

至此，整个跨界生蛋的过程完成。这些跨界捆绑，成功地打破了原来的行业限制，把有可能接触到目标客户的商家都发动起来，使他们成为我们的招生办。在这个营销模式中，向联盟商返红包是很有必要的。想要联盟商尽可能地为我们引流，就要先给对方出口。如果我们把别人的那份钱全都收进自己的腰包，别人无利可图，他们自然就不会帮我们做事。

回顾整个跨界生蛋的过程可以看到，幼儿园、联盟商（包括帮我们送票的商家及接收报名的特长班）、家长都在这个过程中得到了好处。通过联盟商的赠票，幼儿园无须投入更多的人力就能轻松得到大量的潜在客户资料。虽然有向联盟商返点、发红包，但对比新增人手进行招生的成本，对于幼儿园而言，给一个联盟商的分红要比养一个员工的费用少得多，招生效果却不输给专人招生。对于负责赠票的联盟商而言，他们无须增加任何成本投入，只需将门票赠送给到店的家长即可拿到丰厚的报酬，这不失为一笔不错的买卖。而那些联盟的特长班通过这种招生模式也节省了大量的人力成本。家长们则无须多花一分钱就能享受到整个产业链提供的一条龙服务，非常方便。这种模式真正达到了多方共赢的效果。

通过打包、捆绑的模式，多项课程被糅和在一起，这种模式下，目标客户从幼儿园到初中的教育费用全都被我们牢牢地抓在手里，竞争对手根本无缝可钻。

综上可见，运用跨界生蛋的做法，的确可使各大联盟商的利润最大化，而客户也能从中得到实惠，即使他们发现了这种模式的最终目的，也不会产生抵触的情绪。

第 3 章

开魂眼：

让团队不忘初心，持续奋斗

员工态度不端正、工作不积极？员工很难管理？

不不不，是老板没有正确赋予员工使命、没有看到员工内心深处的需要。

开魂眼，学习如何让员工身负使命，砥砺前行。

》 使命由心而发，让员工真正觉悟

什么是使命？

使命就是神圣感，是一种内在的感觉。这种感觉越强烈，人的能量就越大。

例如，两位拳击手上台打拳击，一位是为赚钱而打，如果赢了，他能得到一笔奖金；另一位是为国家争光，为国家荣耀而战，如果赢了，就能把祖国的国旗高高地悬在世人面前。

试问，这两位拳击手谁的能量更大？

毫无疑问地，第二位拳手内心的神圣感要比第一位拳手大得多，所以，他身上的能量也比对方更强。

神圣感是什么呢？所谓神圣感其实就是一种被他人崇拜的感觉。一个人被多少人崇拜，他的内心就会有多大的神圣感，就能从别人身上获取多大的能量。

同样以两位拳击手为例。台上两位拳击手正在比赛，其中一位没有一个粉丝，另一位则有很多粉丝，粉丝们大声呼喊着他的名字，不停地扬着横幅为他加油……很明显，有粉丝的那位拳击手比没有粉丝的那位拳击手更有能量。因为他被别人崇拜着，崇拜他的人越多，他身上的能量就越大。

很多人都参加过校园运动会。笔者就曾经是一名奔跑在校园田径赛场上的长跑运动员。初中二年级那年的校运会上，我代表本班参加校运会，同学们在观众席上为我呐喊加油，1500 米的赛道上，每次将要被对手赶超的时候，我总能瞬间爆发更大的能量，用尽全身力气把对手甩在身后——这就是被人崇拜、被人注目引爆出来的力量。时隔多年，这种被同学们崇拜和认可的感觉仍让我记忆犹新，每每回忆起来，内心仍然充满感动。

实际工作中，如何才能让人有被崇拜的感觉呢？很简单，让他们感觉到自己是被别人需要的。企业经营者要更多地去研究自己怎样才能被更多的员工、更多的客户所需要？要怎么做才能被别人需要？如何才能满足别人的需要？

帮助别人、满足别人的需要，并不是说直接给他所需要的事物。打个比方，未婚男员工有成家立业的需要，老板总不能直接给他一个老婆，再赠送他一家公司吧。

对他人真正的满足是成就他人。对于上例中的未婚男青年而言，他想要娶妻生子，想要做出一番事业。老板不可能直接送一个老婆、送一家公司给他。但是，老板可以为他提供一个成长的机会、一个施展才华的平台，让他在公司找到用武之地，通过自己的不断努力在为公司创造更多利润的同时拿到更多的工资，让他有娶妻生子、养家活口的资本；老板可以为他设计一个广阔的晋升空间，让他发挥自己的才能顺利晋升到更高的职位；老板可以教给他更多为人处世的道理、待人接物的哲学，让他的人际关系变得更和谐、夫妻关系更密切、家庭生活更幸福……这才是一个老板对员工最大的成全和满足。

企业经营者成就了多少人，就代表被多少人需要，被多少人崇拜，他的心里就有多大的神圣感，就能从他人身上得到多少能量。

例如，一个老板准备带上自己的全部身家移民到国外去，一开门，门外站在几百号员工，几个铁班底成员愁眉苦脸地问他："老板，你走了，我们该怎么办？"

此时此刻，这个老板的心里是不是会涌起一种神圣的责任感？会不会觉得自己有责任挑起这几百号人的担子？来自这几百号人的能量会让他感觉到自己被他们所需要，他看到了自己身上的使命，最终抛弃移民的想法，留下来继续做这几百号人的老板。

一样的道理，员工也是有这种使命感的。他如果感受到老板需要他、企业需要他甚至这个行业都需要他，试问，在这么强大的能量面前，他怎么可能懒散不堪地在这家企业当一天和尚撞一天钟呢？

受这种使命感的召唤，员工会从心底感受到自己存在的价值，感受到自己被老板、同事甚至是同行所尊重。一旦员工进入这种境界，就完全不需要老板每天耳提面命地督促他们去做哪些工作，而是会自动自发地尽自己最大的能力为老板、为企业乃至整个行业贡献自己的力量。

那么，老板要怎样才能让员工感受到自己和企业对他们的需要呢？而且，一些员工的专业、能力甚至格局都在老板之上，老板如何才能满足这些员工的需要呢？如果老板只有小学生水平，如何才能让一个大学生员工跟着他干呢？当那个员工的梦想、平台、荣誉、处事等各个方面都超过老板的时候，我们要怎样来满足这种员工的需要、成就这样的员工呢？

要想成就能力在老板之上的员工，老板就要将自己的能力往上涨。只有当老板脑子里装的东西往上涨了，老板才能有渡人、成就人的能力。企业经营者不能只要求手下的员工不断学习、持续上涨，而自己却停滞不前。否则，即使给他 1 个亿，他也接不住。

当一个老板有能力渡 10 个人，就代表他被 100 个人需要；能渡 100 个人，就代表他被 1000 个人需要；能渡 10000 人就代表他被千百万人所需要。当我们没有渡人的能力时，自己的能力就要往上涨，否则，就完全驾驭不了手下的员工，即使有真正的人才来到我们身边，我们也留不住他们。

从某种意义上来说，经营企业毫无技巧可言，只要老板自己的能力往上涨，就会被员工需要；只要被需要，就能成就人；只要能成就人，就会被崇拜；只要被崇拜，就能从他人身上获得更多的能量。最后让自己的能量越来越大，把自己修炼成一个有魅力的、有气质的人，继而用自己超凡脱俗的气场来征服他人，将他们聚集在自己的周围，让他们心甘情愿地为企业服务。

曾听人开玩笑地说所谓老板就是老板着脸的那个人，似乎板起脸来才有尊严，板起脸来说话才能让人畏服。

事实上，当一个老板每天都板着脸跟手下的员工说话，满口训诫之词时，众叛亲离的日子就在向他招手了。设身处地地想一想，如果我们自己是员工，每天都要对着老板的一张臭脸，不管我们做得好还是不好，都要被他训斥一顿……这种日子，我们能忍多久？对着这样的老板，员工只想绕道走，更别提为他尽心尽力地做事了。遇到那些心胸狭窄的员工，说不定还会为了报复老板而给他挖个坑。

一个受欢迎的老板，在与员工相处时一定是和颜悦色的，他与员工对话时，夸奖、表扬之词也一定是多过批评、训斥的。

曾有心理学家在一所学校做过这样的试验，把一个班的小朋友分成 A、B 两个小组，对 A 组的小朋友说：你们要从起跑线尽快跑到终点，30 秒内到不了终点的小朋友就要受罚做 10 个俯卧撑；对 B 组的小朋友说，你们要从起跑线尽快跑到终点，30 秒内能到终点的小朋友可奖励一个玩具。实验结果是：A 组有一半的人没能在要求的时间内到达终点，B 组的小朋友都在要求的时间内到达了终点。

可见，肯定、奖励远比处罚、训诫要有效得多。有的老板吝啬对员工的赞誉之词，生怕这些赞美、肯定的话会滋长员工的骄傲之心。殊不知，这些话足以坚定员工的自信心，让他们更加自信、更加沉着地应对工作上出现的一些问题。

有的老板不愿意给员工太多的奖励，因为每一份奖励都需要老板从腰包里掏出利润来分享给员工，却未曾想过，这些利润本来就是员工创造的，尝到甜头的员工会更加用心地为老板创造更多的利润。

| 故事 |

有这么一则故事，古时候，某村在婚嫁时是用牛来做聘礼的。男方给女方的聘礼从一头牛到九头牛不等，新娘子越优秀，男方给的牛就越多。邻村有两个年龄相仿的年轻人都娶了这个村的女孩子，一个给了女方三头牛，另一个给了女方九头牛。当时，村里的人都觉得那个给九头牛的年轻人不可思议——在他们村里，还没有出现一个值得男人用九头牛的重礼娶回家的"九牛新娘"，而且，大家认为那个收了"九牛聘礼"的女孩子跟那个"三牛新娘"也没太大的差别。

几年后，村长到邻村办事，想起了当年的"九牛新娘"，就特意去看望。

才到村口，他就看到了一个在他心目中值得花费九头牛的聘礼娶回家的女子。女子的容貌虽称不上国色天香，但言谈进退有度、举止优雅大方。他忍不住向她打听当年那个"九牛新娘"。女子带着他来到自家，并落落大方地让他先休息，她丈夫回来了再带他去见那"九牛新娘"。

过了一会儿，女子的丈夫回来了。村长认出此人正是当年"九牛新娘"的丈夫，赶紧拉着他带自己去见"九牛新娘"。

当"九牛新娘"出现在他眼前时，他不禁愣住了：竟然就是刚才自己在村口见到的女子，他心目中值得九牛之聘的女子！

仔细看时，才发现这个女子果然就是当初从他们村里嫁出来的。他不禁疑惑了："当年你没这么优秀啊？"

女子笑了："当年我也觉得自己不值九头牛的聘礼，但他说在他心里我就是那个值得九牛之人，这些年来，为了配得上那份聘礼，我只能一天比一天做得更好一些……"

这当然只是个故事，但这个小故事却向我们揭示了一个大道理：与其不断地给别人提要求、指错误，不如用实际行动让他们知道他们在我们的心里有多么优秀。

把这个道理应用到企业经营领域，企业的经营者要善于向员工灌输"你很优秀"的潜意识，要变相地给他们洗脑，让他们觉得自己很优秀；让他们看到老板对他们的欣赏，他们留在这个企业里是有粉丝的（老板就是他们最忠实的粉丝）；让他们感受到老板和企业是需要他们的，他们的工作是可以成就企业和老板的成败的。如此一来，无须老板去敲门哭诉自己多么需要他们、企业多么需要他们，他们都会由衷地升起一股责任感、使命感，把老板和企业的事当作自己的事来做，真正地觉悟到自己的重要性，尽心尽力地为企业服务。

》文化是企业的灵魂，使命是灵魂的灵魂

俗话说：一年企业靠机遇，十年企业靠管理，百年企业靠文化。

在改革开放的浪潮中，很多企业抓住时代的机遇，行走在时代的风口浪尖，在某个领域取得了不俗的成绩，但这种成就并不长久，只是在机遇的助推之下辅以先进的管理方式才得以维系的。一家企业要想真正在行业中脱颖而出、经久不衰，最终成就百年老店，是离不开企业文化的依托和支撑的。

一家企业从成立之初一路前行，在岁月的洗礼中，每一步都是独一无二的，这些经历慢慢沉淀成自己独特的企业文化。

如果把一个行业比作一片森林，每一家企业都是生长在这片森林中的一棵树。树木要想茁壮成长，就必须在肥沃的土壤里扎下根基，企业文化就是企业发展壮大不可或缺的根基。一

家没有文化传承的企业，就像没有根基的大树，迟早会干涸枯败于林中。

那么，什么是企业文化呢？

所谓企业文化，其实就是一种文化的传承，是企业在自身发展壮大过程中弃糟粕、取精化的过程，是精华的沉淀和积累。

企业文化绝不是纸写笔载的企业管理制度，也不是经营者不断要求和命令下的产物。它是通过员工口口相传、身体力行流传下来的。在此过程中，企业文化的不足之处不断得到补充和完善；优良之处不断发扬光大，其内涵也日益丰富。

企业日常经营中，很多岗位都是采用"师父带徒弟"的做法。新的员工进来，交给老员工在岗位上直接培训后再上岗，在这个培训过程中，很多规章制度并未明确注明，但在公司内部已经被大家约定俗成的一些工作习惯和风气就这么一直流传下来，这就是企业文化的传承。

| 案例 |

A公司是一家礼品营销公司，主要业务是为保险公司和银行提供客户活动的礼品，比如台历、挂历、雨伞、海报等。电话营销是该公司最主要的营销方式，业务员通过拨打客户电话向客户推销自己的产品，人事部会为每一个新进业务员安排一

个老业务员进行在岗培训，新进员工在工作现场学习"师父"打电话的技巧、熟悉公司的作业流程。

刘晓的师父叫姜辉，姜师父不但手把手地教导刘晓如何向客户推销自己的产品，还告诉她客户通常什么时候方便接听电话。姜师父要求刘晓记住每个客户的生日，并在客户生日当天送去生日祝福，对于销量大的 VIP 客户，还有必要自掏腰包购买小礼物作为生日礼物寄过去。刘晓在公司的职前培训上认真学习过员工手册和公司的各项规章制度，没有任何一条规定要求业务员自掏腰包给客户送礼物。同时她也发现，业务部的其他同事几乎都会这么做。她向姜师父问出了心中的疑惑，师父笑着告诉她：公司的确没有强制要求业务员为客户赠送生日礼物，甚至都没有要求业务员在客户生日那天给客户打电话，但是，业务前辈们发现，这么做能增进自己跟客户之间的关系，增加客户黏度。这些真心的小举动能突破客户内心的坚冰，不知不觉间拉近与客户的关系，很多业务前辈因此与客户成了无话不说的好朋友。所以，虽然公司并无明文规定，但师父们都会把这些做法教给徒弟，历经多年的传承，这些暖心的小举动已经成为企业文化的一部分。

企业日常经营过程中经常会发生类似的事情。员工在工作中发现了一些有助于开展工作的小举动、小妙招，虽然它们不足以纳入员工工作规范和公司相关制度，但的确可让人从中受益，并在员工中越传越广，一直被沿用下来，在企业内部形成了一种特色，成为企业文化的一部分。

例如，某公司每年年底都会向全公司各个部门征集特困户家庭的信息，并为这些特困户送去一些过年的物资及现金红包。

当公司内部有员工的家属或员工本人发生重大疾病、意外事故时，将由人事部代表公司出面到现场去探望，并给予一定的物质帮助；公司还会本着"一方有难、八方支援"的原则组织同事们为其捐款……

公司的上述做法一般不会以规章制度的方式呈现，却能一直持续下去，这其实也是一种文化的传承，是公司以人为本、关心关怀员工的文化。在这种人文主义浓厚的企业中，员工能切身体会到老板和企业对自己的关心和关怀，这将无形中提高员工的忠诚度，他们的工作积极性也将大幅提升。

有的老板"用人不疑、疑人不用"，秉承"信任"的原则充分放权给手下的员工，为了完成共同的任务，员工想方设法来达成，彼此之间互帮互助，公司上下一团和气，大家为着同一个目标而不懈努力、用心工作。公司内部形成一种同心同德、和谐共生的企业文化。

也有的老板对手下的员工缺乏信任，在工作中有心培植多股势力来相互制衡，在员工队伍中刻意培养自己的耳目，以至于公司内部"派系"文化严重。公司内部从上至下派系林立，从高层开始，大家就在日常工作中不断培植自己的势力，以巩固自己在公司的地位。更低一级的员工为了自保，也不得不站到某一派系的队伍中去，那些保持中立的员工，反而被各派当作公敌，最后被迫加入其中一个派系，或是直接被淘汰出局。不同的派系为了谋求更多话语权，不惜在对方的工作中揪错、挖坑，甚至还会出现彼此故意设局陷害对方的举动。

这种派系文化最大的弊端就是内部员工不和谐，员工们把更多的时间用在"算计"与"预防算计"上面，反而不能把精力集中到工作中来。长此以往，这种风气日积月累，必将成为公司发展的绊脚石，甚至会把公司送上分崩离析之路。

如果把企业比作一个自然空间，企业文化就是这片空间里的空气，它无色无形，却无声无息地滋养着生活在这个空间里的每一个人，空气质量的好坏将严重影响员工的工作和生活。这就好比自然界中的空气质量变坏将增加肺癌患者的数量，如果某个密闭的空间里空气成分发生变化，空气中的含氧量降低，将直接导致人员的死亡。事实上，一些不良的企业文化也会导致优秀的人才留不下来，严重的甚至还会致使整个公司关门大吉。

可见，一家企业要想持续不断地发展壮大，在日常经营中就要注重培养优良的公司文化。除此之外，还要注意公司内部的各种不良风气，一旦发现，就要将其消灭在萌芽状态，以免其长时间累积沉淀成公司内部的歪风邪气，给公司的成长和发展带来严重的不良影响。

每一家企业的企业文化各有不同，每一种企业文化不管它是什么模样、是好是坏，都将融入员工的日常生活，对他们的工作、学习带来重大影响。

所以说，文化是企业的灵魂。一家缺乏优良企业文化的企业是经不起市场的风吹雨打的，最终只能在激烈的市场竞争中魂飞魄散。

与之相对的是，使命是企业灵魂中的灵魂。这是因为，只有当员工有了使命感，他们才会有更大的工作动力。

员工消极怠工、"当一天和尚撞一天钟"是很多企业日常管理过程中最大的难题。这些员工完全具备本职岗位上应有的专业知识和技能，但他们的工作效率却并不高，工作质量也达不到预期的要求。

遇到这种问题时，很多企业的做法是要求人事部、行政部制定更多、更严苛的管理制度，试图通过这些制度来有效提高员工的工作效率，事实上，这种做法收效甚微。

这是因为，这些制度并不能真正有效地激发员工的工作热情，反而会激起他们更大的反抗心理和对抗意识，不能让员工的心思真正有效地集中到工作中来。

只有当员工把工作当成自己的使命来对待，他们才会积极地动起来，而无须外力的要求和监督。

为了赋予员工以使命感，企业经营者必须不断成长，还要给自己一个足够大的梦想，并通过正确的表达方式将自己的梦想分享给手下的员工，使之成为企业上下共同的梦想。

| 故事 |

有这么一则小故事：三个石匠正在砌一堵墙，有人问他们为什么而工作。第一个石匠头也不抬地回答说："我在砌一堵墙，我要靠这份工作养家糊口。"第二个石匠一边敲石块一边回答说："我在努力做一份最好的石匠活，我要成为这个县里最好的石匠。"第三个石匠听到有人提问，他站起身来擦掉了额头上的汗水，扬了扬手中的砌刀，骄傲地回答："我们在造一座宏伟的宫殿。"

这个故事当中，三个石匠在一起干着相同的活计，但每个人的心态却是完全不同的。第一个石匠纯粹只是为了自己的生计而工作，他的心里就很容易被各种不满和抱怨所侵占，有人在旁边提要求时，他会更卖力一点。一旦离开他人的监督，他就很有可能放下砌刀，做出消极怠工之举。此时如果有一份薪水更高的工作摆在他的面前，他必定会丢下手中的活计，头也不回地奔向新的岗位。

对比第一个石匠，第二个石匠的心里有个小小的梦想：想要成为本县最好的石匠。在这个梦想的指引之下，他的工作态度会更端正一些，工作热情也会更高涨一些。

第三个石匠的心里住着一个大大的梦想，建造一座宫殿。他建造的是王公贵族们居住的宫殿。王公贵族们需要他的工作，他的工作可以成就贵族们的奢华生活。有了这个宏伟的梦想，那些不能成就他梦想的事情都会靠边站。这么伟大的使命将赋予他莫大的神圣感，而这种神圣感就像一轮暖阳，不断地激励着他，让他没有松懈的时刻。在这种使命感的召唤下，不管有没有人在一旁监督他的工作，他都会积极努力地工作，不可能做出消极怠工的举动。

将使命融入企业文化，文化就有了方向，那些不良的风气、不能助力实现企业使命的歪风邪气都将被自动摒弃，最终留下那些有利于实现企业使命的文化。

使命将为企业文化的积累和沉淀扫清道路。

可见，企业的持续壮大离不开企业文化的滋养和支撑，企业文化是企业的灵魂；而使命则可为优良企业文化的沉淀和积累保驾护航，是企业灵魂中的灵魂。

≫ 使命感召员工，实现自发行动

长期以来，企业的人事部门都在探讨一个问题：如何加强员工的责任感、提高其工作热情，令其自动自发地投入到日常的工作中去？

大量的实践证明，要想做到这一点，就要让员工怀着崇高的使命去工作。

前述章节已经提到过，所谓使命就是一种由内而外的神圣感。

日常工作中，很多老板并不信任员工，小到食堂买菜，大到项目投标、设备采购，事无巨细都要自己经手才放心。他们的这种亲力亲为并不是为了减轻员工的工作负担，而是赤裸裸地对员工不信任。他们不相信负责采购的员工会两袖清风为公司节约采购成本，总觉得员工会趁职务便利为自己谋取利益。

对那些没有利益可谋的岗位，他们又怀疑员工的技能技术能否胜任岗位职责、员工会不会尽心尽力地工作……

在这种老板手下谋职做事，员工连起码的尊重都感觉不到。每做一件事情之前都要先想一想：我这么做，老板会不会怀疑我有私心？

一旦有了这种枷锁感，员工每时每刻都生活在对前途的担心当中，怎么可能尽心尽力地为老板工作？真正的人才不屑于在这种环境下工作，留下来的更多是一些善于钻营、拍马逢迎之人，这些人虽然在表面上能哄得老板开心，但其工作能力有限、工作效率不高，只会让老板陷入不信任的恶性循环中。

| 案例 |

王丽丽在 A 公司采购部工作。她刚入职的那天，人事部主管就特别跟她强调过：采购部是公司花钱出去的部门，每一笔钱都要花得明明白白，账目一定要清清楚楚，不能利用职务之便吃回扣，不能向合作商收佣金。

正式走马上任以后，身边的同事就隐晦地告诉她："我们公司的采购可不好做，老板抓得严着呢！你的前几任都是因为吃回扣被公司开除了，你可别步他们的后尘。"

王丽丽自认做事光明磊落，不会做出徇私舞弊的事情。

可是，随着工作的开展，她发现老板对自己格外关注，每一张采购单都严格审查，每一项报价都会亲自核查，甚至会在下班时间突然打电话问她在哪里、跟谁在一起。这让她不堪其扰，深深地感觉到了老板对她的不信任。

有一次，她参加同学聚会的时候接到了老板的电话，老板听到电话那边很热闹，觉察出那边是一个饭局，大家正在喝酒，就质问她是不是有合作商请她吃饭，还问她到底收了多少好处费……

王丽丽终于受不了了，第二天回到公司就向人事部递交了辞呈。

老板无休无止的猜疑是对员工最大的不尊重，一个不受尊重的员工内心充满想要挣脱这种枷锁的欲望，很难静下来安心工作。企业经营者一定要摆脱这种不信任的心魔，用人之前擦亮眼睛，用一个人就信一个人，给他最大的信任，让他安心为企业服务。

为了充分调动员工的工作积极性，很多企业使用了绩效工资的模式，将员工的工资和他们的工作绩效直接挂钩。这种薪资模式的确能在一定程度上使员工变得更加积极主动，却无法达到让员工自发行动的效果。

这是因为，人不被管，只被影响。绩效工资说到底还是一种管理模式，而且，绩效工资的额度也是有限的，所以，它对员工的激励作用并没有预期中的那么明显。再者，为钱而来的员工，终究也会为钱而走。当竞争对手许以更高的薪资待遇时，员工就有可能转投新东家的怀抱。

有些老板试图跟员工讲道理，想用动之以情、晓之以理的办法来打动员工，让他们对企业尽心尽力。而且，很多事情是没道理可讲的。因为公司每个月给员工发了 3500 元钱的工资，所以员工就要掏心掏肺地为公司工作？一听这就是老板不讲道理，毕竟，员工的掏心掏肺是无法用多少钱来衡量的。难道老板就任由员工"拿多少钱就做多少事"吗？这当然也是没有道理的事情。

回想新中国成立前的那些无产阶级革命家，并没有什么大老板给他们发放高额的工资，但是，他们却可以为了革命事业抛头颅、洒热血。他们的这种自发牺牲是多么高的回报、多么好的交情都换不来的。

他们之所以能为了革命事业牺牲自己的性命，是因为他们身上背负着实现共产主义、解放全人类的伟大使命。

反观企业经营领域，老板们并不需要员工以命相报，但为什么想让员工自发行动、投身工作都是一种奢望呢？因为我们的员工没有使命感。

如何才能让员工拥有使命感？

使命分为几个层次：第一个层次是为身边人担起责任，第二个层次是为客户担起责任，第三个层次是为国家、为社会做点贡献。

一个老板为使命感而工作，就会引发更多的干部为使命感而工作；更多的干部为使命感而工作，就会引发更多的员工为使命感而工作。

对员工和干部的使命可以贴到会议室和员工经常活动的场所，对客户和社会的使命可以贴到会客室。通过这种做法不断地强化，让企业的使命深入人心。

使命由心而发，要做到四个帮：第一个帮，帮员工；第二个帮，帮客户；第三个帮，帮干部；第四个帮，帮社会。

使命必须由心而发，使命不是用来喊口号的，而是用来使用的，必须具备拉动员工的力量，让员工一听就能站出来支持我们。企业的使命要让员工知道，老板做生意不是贪图个人发财，而是为了给员工请命。如果企业能做到这一点，哪怕老板没钱了，员工也会愿意给老板凑钱来帮助他渡过难关。

企业经营者在制定对员工的使命时，一定要找到员工真正想要的东西。不能只开一些空头支票，不能只天天喊口号。员工不想跟老板干，就是因为老板光顾着喊口号，却拿不出一些具体的、实际的好处。员工要的东西不单纯地只是钱，每一家企业都会给自家员工发工资，而且，在物质生活极大丰富的今天，很多员工并不缺钱。企业经营者不要以为给了员工钱就能万事大吉，给员工开了工资员工就得自动自发地卖力工作。除了钱，员工还需要有梦想的支撑。他们要买房、买车来支撑一个温暖的家，他们需要一定的社会地位、他人的认可和欣赏，实现自己的社会价值……

可见，企业经营者一定要有足够的格局，要能发现员工真正想要的东西，并帮助他们得到想要的东西。

企业的使命必须具备拉动客户的力量，只要一说出来，客户就知道我们是干什么的；只要一说出来，客户听到其中的卖点，就有非买不可的理由；只要一说出来，客户就觉得他们应该支持我们的企业。

企业的使命必须具备拉动干部的力量，一说出来就能让干部觉得他们应该全力托起我们。

企业的使命必须具备拉动社会的力量，一喊出来就能让社会各界支持我们。

企业的盈利不能全都流进老板的腰包，还要拿出一部分来分享给社会上那些有需要的人。比如，很多百年老店都有个捐款的比例，直接由财务部门打给社会捐款系统。在这方面，各大保险公司都是成功的案例。国内排名靠前的几家保险公司基本上都有大量的慈善之举，例如向希望工程捐建希望小学，向红十字会捐款、捐赠献血车等。这些企业通过向社会各界分享企业利润的同时，也用实际行动向人们表达了自己的社会使命。

不是所有的企业都能成为纳税大户和用工大户，也不是所有的企业都能给社会上那些需要帮助的人捐赠巨额的钱财，但是，再小的企业也可以把"为社会培养更多行业人才"当作自己的社会使命。

企业经营者要充分利用每一次与员工交流、接触的机会，用朴素的、接地气的、员工能接受的语言向他们表达企业的使命和愿景，要让他们明确自己所做的这份工作的真正价值。

没有难缠的客户和搞不定的员工，他们之所以不买我们的账，是因为企业没有切入对方的需求点，是因为企业的使命没有契合他们的需要、没能打动他们的内心。

一些老板的内心交换心理太强，没有成就别人之心。要知道，成功不是交换来的，成功是成就别人的同时不小心自己也就成功了。内心不纯洁的老板怎么干也干不起来——这是因为，员工能感觉到老板的内心。

企业的使命应该是为客户、为员工、为社会的，应该写入员工手册。

使命必须是老板自己能做到的事，而非凭空画饼。这就好比孩子之所以叛逆是因为父母要求孩子做一些父母自己也做不到的事情。如果老板把一些自己都做不到的事情定为企业的使命，要求员工一定要做到，这就势必会激起员工的逆反之心，而企业的使命最终也会沦为一句空话。

每一个成就大事的人必定都有一个明确的使命，这个使命足以令其为之奋斗终生，甚至献出自己宝贵的生命。

所以，在每一个新员工来到我们的企业时，首要工作就是要让他知道这家企业是做什么的，这家企业是为什么而做，这家企业未来在该行业能发展到何种程度，企业的这些发展和前景与本企业的员工又存在什么关系。

企业在为员工进行职业规划时，必须要将企业肩负的使命及其日后的发展愿景很好地融合起来，还要充分考虑到员工与本企业的结合度及本企业日后的发展空间。

企业给员工做职业规划时只考虑员工干得好可以得到什么、日后能得到什么，员工也许会觉得这家企业的确很不错，在这里工作能得到很大的实惠，但这样却缺乏精神方面的追求，显得过于俗气。

反之，若只单纯地跟员工描述日后的发展蓝图却完全不提及当前的实际问题，又会让员工产生虚假之感，无法满足他们当下的物质需求。

综上可见，企业要有实有虚，不但要给员工感性的精神使命，还要真正给到他们实打实的物质好处，唯有如此，方可用神圣的使命来感召员工，让他们自动自发地行动起来，为企业做出最大的贡献。

第 4 章

开远眼：

让团队树立目标，达成结果

员工素质太低，整天偷奸耍懒？

不不不，是老板没有明确企业的发展前景，员工看不到企业发展的目标，不知道自己应该为企业目标的实现做些什么。

开远眼，学习如何有效树立团队目标，带领员工在实现个人小目标的同时成就企业的终极目标。

》 目标不是用来达成的，是用来凝聚人的

什么叫目标？

目标是指个人、部门、组织所期望得到的成果。

目标不是梦想，它比梦想更实际，更注重实践。

没有目标的企业就像一头没有方向的猛兽，再怎么厉害，也找不到使力的方向。缺乏目标的企业就像一台没有动力的机器，不管这台机器的功能多么强大，都无法有条不紊地正常运转。

然而，也并非有了目标就能万事大吉。树立目标以后，还要真正向着目标的方向动起来，此时，目标就成了一个到达终点的计划，指导我们如何一步一步地接近目的地却不会偏离出发时的方向。

目标不等同于结果，它是承诺到达目的地之前的每一分努

力和实践。它无关于事情本身的成败，而是一份需要坚守的决心和意志。目标的内涵在于坚定不移、长年累月地努力和实践，是一步高于一步的提升，是分秒必争的追求。

很多人都把目标和结果混为一谈，事实上，两者是完全不同的概念。所谓结果，是事物的最终呈现，而目标，却是人们在追求结果的过程中树立的一个方向。人们必须朝着既定的方向来付出、来努力，才能得到预期的结果。换言之，没有目标，就没有结果。

| 案例 |

有这么一个著名的心理试验，一位心理学家将试验者分成三个小组，每个小组被要求分别向着距离起点 10 千米的村庄前行。

第一个小组出发时，心理学家没有告诉他们村庄的名字，也没有告知他们路程的远近，只说让他们跟着向导走，直到向导停下来。才走了两三千米路程，就有人开始叫苦叫累了；走到将近一半的路程时，有人开始抓狂发怒，抱怨说这是什么鬼试验，为什么要让他们走这么远的路。有人拉着向导问什么时候才算走到头，还有的人干脆找个地方坐下来不走了……越走，人们的情绪就越低落，只有一小半的人坚持走到了目的地。

第二个小组出发时，心理学家把他们要去的村庄名字和路程的远近都告诉了参与试验者，但是，行进过程中路上没有竖立里程碑，他们只能凭借自己的经验来判断当前的位置和距离。走完一半路程时，大多数人都想知道已经走了多远，有经验的人估摸着说大概走了一半了。听到这样的答案，大家又继续向前赶路。当走完将近 3/4 的路程时，大家的情绪都低落起来，都觉得全身上下疲惫不堪，抬头望去，前路漫漫无尽头。此时，有人说"快到了、快到了"，闻言，大家的精神振作起来，前进的速度也随之加快。最终，整组的人都坚持走到了目的地。

第三组人出发时，心理学家把他们要去的村庄名字和路程的远近告诉了参与试验者，而且，还在公路两旁设置了里程碑，每隔一千米都能看到里程提示。试验者一边走一边看里程碑，每走完一千米，人群中就会响起一阵小小的欢呼声。大家边走边谈，人群里不时地传出欢声笑语，甚至还有人唱起了歌。一路上，大家都维持着高涨的情绪，很快就走到了目的地，没有一个人在路上有过抱怨之词，也没有一个人掉队。

由此可见目标的重要性。

正是因为大家都认同目标在日常工作和生活中至关重要，企业经营者们才要求各部门制定大大小小的目标,包括周目标、月目标、季目标、年目标，并组织各部门负责人对目标的达成度进行验证，对没有按计划完成目标的，还会责成相关负责人进行检讨，并拿出行之有效的应对措施。

这样做就代表一定能达成目标了吗？

设定过目标的人多少有些经验，很多时候，目标是达不成的。

为什么人们会达不成自己制定的目标呢？因为我们往往过于高估自己一年的成绩。在根据过往经验来制定目标时，人们总会把今年的目标定得比以往更高些（如果把目标定得跟往年一样，那就不是在定目标，而是在回顾往年的历史），却很难把握高出的具体额度。真正到了目标截止日才发现实际的结果距离之前所定的目标还有很遥远的距离。

为什么往年的结果不能作为未来目标的参考依据呢？

俗话说，万事开头难。对于一家新建的企业，前面的两三年都在试水阶段，采购系统、营销渠道、行政管理等各个方面都需要从头开始，都处在不断成长的阶段。此时，企业的业绩并不代表企业经营的真正水平。在这几年间，企业有可能迅速盈利，也有可能还需要砸钱进行投资。

创建一家新的企业需要培养、培育，正常来说，前面三年是在不断做加法，是理性的，这三年间，员工在学中干、干中学；

三年之后，企业和员工都会进入乘法阶段；再过几年，团队经过磨合，不断努力打拼，企业就会进入乘法的 n 次方……

很多人在制定目标时并没有把上述原因考虑进去，就容易制定出过高的目标，制定出来的目标根本无法达成。

每一个领域的领袖从来都没有达成过目标，而是一直都行走在达成目标的路上。他们虽然看到了事物孕育、成长的自然规律，知道前期的经验不能作为制定后期目标的依据，却无法准确地预估事物成长的速度，在制定目标时通常会有所拔高。他们会想方设法让更多的人相信这个目标，并拉着大家一起为这个目标而努力奋斗。

所以说，目标不是用来达成的，而是用来凝聚人心的。它是奋斗者们一路前行途中不可或缺的心灵滋养汤药，为他们的前行指明方向，指导他们向着预定的远方不偏不倚地一路前行。

从起点到终点往往不止一条道路可走，但最直、最近的路往往只有一条。制定目标，就是为了把更多人凝聚在一起，踩着最直、最近的那条路在最短的时间内到达终点。

例如，某企业的目标是五年内要在 A 股上市，在这个具体目标的指引下，公司会对目标进行细化，再把任务分别落实到各个负责人的身上。如此一来，每个人的工作就有了具体的方向，这就为各个阶段要完成哪些事情提供了切实可行的依据，让每一个人都很清楚自己在当前的岗位上每年、每季度、每月、每周、每日要做些什么工作。

虽然，即使按照事先预定的计划做好每一步的工作，最终也有可能无法达成预定的目标。但是，在此过程中，这个目标就像一轮耀眼的红日，让团队中的每一个人都能看到方向和希望，并为这个方向不断努力。

如果没有制定相应的目标，员工就搞不清楚自己每天应该做些什么，就会像无头苍蝇般无所事事，不知道企业明天会发展成什么样子，更搞不清楚自己在这个企业中能得到什么。整个团队就像一盘毫无凝聚力的散沙，这样的企业是无法在竞争激烈的市场中存活的，更不用说持续发展壮大了。

企业经营的每一步都荆棘丛生，让经历其中的人感到身心疲惫。此时，目标就像是一碗美味的甜汤，滋养着一路艰辛、努力打拼的人们。

目标是感性者眼中的远景，却是理性的人无法承受的远方。

这是因为所谓远景，是五年之后的情景。此时，企业已经走过了用加法来计量的起步阶段，高速进入乘法阶段。在这个阶段，企业的成长速度是超脱逻辑的，只有感性的人能接受这样的飞跃，理性的人却陷在加法速度的习惯中无法自拔，他们不敢相信、更不敢接受企业的这种成长速度。

可见，企业经营者本身就要用感性的眼光来看待企业的成长与发展，要用感性的逻辑来为企业制定未来一年、两年、三年、五年甚至十年的目标，并坚信自己一定可以带着整个团队朝着这个目标不断前行。

远大的目标通常难以被普通人接受，普通人的眼光看不到那么长远，因此，企业经营者必须非常的坚定，并用自己的坚定来使别人更坚定。不管被多少人质疑，不管前行的路上遇到多少艰难险阻，都不能因为别人比我们坚定而放弃了自己的坚定。

企业经营者要抱着这样的心态来面对他人的不理解：你理不理解是你的事，我帮不帮你、成不成就你是我的事，我不会因为你的不理解而放弃我帮助你、成就你的决心。

经营者对目标的坚定能坚定员工对企业目标的坚定。为什么有的老板讲的话不被员工相信，甚至遭到员工的质疑？这是因为老板内在的能量承载不住自己的语言。如果老板所说的话轻飘飘的，自己都不敢坚定，怎么可能激起员工的热情？怎么能让员工看到这些话的真实性？所以说，企业经营者的首要核心就是坚定。

大量的事实证明，不坚定的人跟着坚定的人混，有目标的人跟着有大目标的人混，有大目标的人跟着有梦想的人混。伟大的人生就是不断制定目标并为之努力奋斗的过程。

激烈的市场竞争中，企业拼的是产品优势、员工团队，拼到最后，老板拼的是气量。企业经营者要想带着自己的企业在同行中脱颖而出，就必须对自己的目标无比坚定，并用自己的坚定来坚定员工对企业目标的坚定，把员工紧紧地凝聚在自己的周围，在成就员工的同时也成就自己。

》 远景最强调两点，时间与冲击力

所谓远景，是指事物发展过程中将会出现的景象或前景。推及企业经营领域，即是指企业在当前发展水平与环境的基础之上对未来的方向、水平、规模等的预测与推论，简而言之，即企业未来的发展潜力。再细化到企业内部个人成长方面，就是指员工的业绩、职位、薪资、核心竞争力等在企业的成长空间。

企业没有远景，就无法在市场上存活下来；员工在企业看不到自己成长的空间，也不可能留在企业继续工作。可见，不管对企业还是对个人，远景都是至关重要的。

先来看企业的远景。每一个老板在创办一家企业之前，必须要对即将进入的行业及其周边领域进行全方位的考察，对该行业在未来五年、十年、甚至五十年间的发展趋势进行预估。

例如，在电子科技高速发展的今天，多媒体教学工具已经被广泛运用在教学教育领域，很多中小学校都已经引进了这种新型的、先进的教学工具。老师们上课时不再使用粉笔在黑板上为学生板书，而是直接通过电脑软件投影在屏幕上，需要板书之处，也是改用记号笔写在白板上。

在这种大趋势下，就不适合再投资粉笔、黑板等传统的教学产品，此类产品在未来的几年中很有可能随时消失，不再有人使用，生产此类产品的企业随时面临破产或转型生产其他产品的情况。换言之，这个行业毫无远景可言。

企业的经营者要能敏锐地洞察市场先机，用自己独特的市场嗅觉发现市场需求。营销行业有一个著名的故事，某鞋厂派出两个业务员去非洲地区考察市场。第一个业务员在外面逛了一圈，发现大家都赤着脚走路，就向老板报告说：这里的人都不穿鞋子，我们的产品在这里是没有市场的。另一个业务员做了一个非常细致的市场调查。他首先调查了非洲人的脚有什么特征，又走访了当地的民俗风情，还根据市场调查的结果制定了一个周详的营销方案，并向公司建议尽快开拓非洲市场、占领行业先机。

可见，同一片市场，在不同人眼里，其前景也是不一样的。老板收到这两份截然不同的调查报告以后该如何抉择呢？市场前景不能只靠一眼之缘的感性判断，而是需要对未来发展趋势的把握。只要大方向无误，再辅以实际市场数据的支撑就可以做出大致准确的判断。前面这个故事的结尾是：这位老板根据第二位业务员提供的市场报告，运用独特的市场营销战术，成功登陆了非洲市场。

当然，风险与机遇如影随形，市场瞬息万变，没有人能准确地把握市场变化的趋势，也没有人能百分百确定投资哪个领域就一定会一本万利。每一种产品都是有其市场周期的，当该产品的市场已经发展到有把握的阶段时，就代表该产品及相关技术已经相对成熟，此时再要进入，已经为时太晚，丧失了先机。

每个人的面前都摆着很多机会，并不是我们的机会姗姗来迟，而是我们一直在追求做有把握的事情。事实上，当事情完全有把握时，我们早就丧失了机会。在我们身边，这样的例子屡见不鲜。某日，我们在外旅游时发现了一个大好的商机，当我们回到家兴冲冲地跟身边的人提起，希望得到家人的支持时，亲朋好友们打着"没把握"的旗号给我们猛泼冷水，劝我们冷静以待，先观察观察市场行情再说。结果，这事就这么被搁置了下来，一段时间以后，却发现别人做这个买卖赚了个盆满钵满。

这种事情充分证明了一个道理：所有有机会的事情都存在风险。

有些机会不是就真的比其他的事情存在更大的风险，事实上，任何一件事情都是存在风险的。比如，走路看起来比骑车安全，但路上的行人也有摔跤跌倒的，还有的人走在路上被机动车撞到，甚至有的人走着走着被街上倒下来的广告牌砸死。再如喝水，这是一件再平常不过的事情了，但喝水被噎的人真的不在少数。

日常生活中的每一件事情都是存在风险的，那些看起来风险更大的事情只不过是发生风险的感觉更大一些。那些临阵退缩的人其实并非因为这件事情的风险大到他们无法承受，而是他们的心理素质太差，气量太小，缺乏远景意识，只看到眼前的情况，对未来的行情不敢做出大胆的判断，他们对自己的判断没有把握，下意识地质疑自己所做的决定。

企业经营者要清楚地认识到，远景是超脱逻辑的。不能单纯地根据当前的情况以加法的逻辑来判断一个行业未来的发展趋势。

俗话说"万事开头难"。企业在经营过程中，前面两三年有可能会越干越好，业绩以加法的逻辑不断增长；但也有可能因为前期市场培育、培养的原因需要不断追加投资，企业不但没有任何盈利，甚至还需要老板继续往里面投钱，出现没有理由的减法逻辑。然而，一旦熬过这几年，市场通过培育成熟到一定的程度，企业就有可能毫无章法地进入乘法逻辑，甚至是乘法的 n 次方。

企业经营者在选择合适的经营领域时，要规避那些看起来已经很有把握的行业，这种所谓的把握其实就是已经在走下坡路的信号，是市场已经趋于饱和、技术已经高度成熟的信号。而那些看似风险很大、毫无把握的商机，却有可能在经历两三年的市场培育以后让经营者得到丰厚的回报。

每一个新兴的市场都需要一定的时间来培育，一旦培育成功，就会以乘法的 n 次方的速度来成长、发展。然而，每一种产品都是有其市场周期的。当某种产品的市场让人觉得很有把握的时候，就是它走向没落、退出市场的信号。所以，企业经营者要规避那些看起来很有把握的行业，选择那些看似存在风险，经过一段时间的市场培育将迅速成长的行业。这种行业才具备市场远景，其冲击力是那些成熟产品无法比拟的。

这就正如马云当年创建阿里巴巴，提出在线支付和电商的概念时，大家都持质疑的态度。但是，发展至今，人们的支付习惯已经发生了翻天覆地的变化。微信支付、支付宝支付、银联支付等多种支付渠道快速取代了传统的货币支付；而淘宝、天猫、京东等电商企业也在以井喷式的趋势抢夺传统门店销售的市场。

再来看员工个人在企业内部的成长与发展远景。

很明显，只有那些具备市场远景的企业才有可能给予员工个人成长与发展的远景。

员工留在企业服务，除了得到相应的薪资报酬以外，还存在职位、核心竞争力等方面的提升，这也是员工在一家企业中的发展远景。

经营者在创办、经营一家企业时，首先，要选择具有市场远景的行业；其次，要为员工设置足够的发展空间，让他们从踏入公司的第一天就清楚地看到自己在这家企业中的发展远景。

每一个为企业服务的员工都想要得到合理的薪酬，这也是员工最基本的需求。一家企业只具备良好的市场远景是不够的，即便是该企业所选择的行业足够支撑其几百年不倒，但这家企业的员工薪资却几十年如一日，加薪幅度赶不上通货膨胀，这样的企业也是留不住人才的。

员工刚入职时，可能会因为其工作经验、工作技能、岗位熟悉度等各方面的原因愿意接受试用期，愿意从比较低的职位做起。但是，经过多年的积累和沉淀，他们已经适应了本企业的文化，其工作技能与经验也得到了不断地提升，足以胜任要求更高的岗位。此时，企业经营者就要根据员工的实际情况合理调动他们的工作岗位，在职务、薪酬方面也要随之调整。只想用低廉的工资把员工留在一个岗位上直至其退休是不现实的，员工还有被肯定、被承认、被提拔的需求。

老板必须让员工在刚入职时就看到自己在企业中的发展远景。要让他们知道，经过一段时间的成长与发展，他们可以在公司晋升到更高的职位，只要他们足够努力，只要他们的能力足够匹配，他们完全可以成为公司的合伙人、股东，他们甚至可以自己成立一家分公司。而随着他们能力的增强、职务的提升，他们的收入也会随之水涨船高。只有让员工看到自己的发展远景，他们才有可能安下心来、尽心尽力地为企业服务。

俗话说：男怕入错行、女怕嫁错郎。企业经营者在选择企业经营领域之初要选择那种当前市场尚不成熟，但经过一段时间的市场培育后颇有爆发力的行业，还要为内部员工设置一条极具发展远景的成长、晋升之路。如此一来，即便企业当前的条件还不是很好，员工也能清楚地看到自己的发展前景和业务拓展的空间，会心甘情愿地留下来为企业服务，在实现其自身发展远景的同时，成就老板和企业的远景。

》 远景是方向指示，是激励催化剂

一家没有远景的企业通常是经不起市场考验的，难以长期存活下来。而一家无法让员工看到自身发展远景的企业，也是无法打败行业竞争对手，成为百年老店的。

每一家成熟的企业都有一个明确的远景目标，在五年内要做成什么样子，十年内要达到什么目标，通过多年的努力后要树立什么样的行业地位。

有了远景规划，在日常经营过程中，经营者就会向着远景所指的方向做出相应的取舍。

|案例|

A、B 两家公司成立之初都是经营物流运输的。A 公司创办之初就为自己树立了一个远景目标：要成为快递行业的龙头老

大。B公司却并没有为自己制定最近三五年的经营规划。

最近这几年，网络购物迅速崛起，物流运输也随之呈井喷式发展壮大。就在两家企业经营得如火如荼之时，有一家经营房地产的企业找到他们的老板，游说两位老板进军房地产业。B公司因为没有树立一个明确的经营目标，禁不住房地产行业老板的盛情邀请，认为"辛辛苦苦全国各地到处送货，不如安安心心在一个地方建楼"，楼盘建好以后，只要房子脱手就能大赚一笔，好过经营物流业务劳顿好几年。在这种心理的驱使下，B公司的老板大手笔地把自己的公司卖给了A公司，所得资金全部注入房地产行业。对于动辄几个亿投资的房地产行业而言，B公司老板的投资很快被稀释，该老板成为该房地产公司一个小股东，完全没有话语权，其管理权也被剥夺，很快沦为一个在年终坐等分红的小股东，原来的公司名称也早已不复存在。

A公司的老板却秉承"成为快递行业龙头老大"的宏远目标，毫不犹豫地拒绝了对方的提案，不但接管了B公司的业务，经营的方向也朝着"快递"倾斜，经过几年的发展，A公司在快递行业的地位日益提高，其名声也越来越响亮。A公司的老板还在矢志不渝地带领着自己的员工团队朝着"快递业龙头老大"的远景目标不断前行。

从 A、B 两家物流公司的发展史可以看到，对于一家企业而言，有无远景目标是一件关乎其生死存亡的大事。

经营一家企业就好比带领一支队伍在沙漠里行军，缺乏远景的企业就像是一支没有配备指南针的部队（如上例中的 B 公司），在浩瀚无垠的沙漠中找不到正确的前进方向，最终耗尽元气、困死在沙漠中。而那些有远见、早就为企业制定了经营远景的老板（如上例中的 A 公司），则是配备周齐、调度有方的统帅，不管沙漠行军过程中有多少艰难险阻，有多少美丽的海市蜃楼，总能目不斜视、胸有成竹地带领部下绕过险难、避开诱惑，最终到达远景所指的彼岸。

让员工一眼就看到自身发展前景的企业，在员工入职之初就给他们吃下了一颗定心丸，让他们清楚地知道要想拿到自己意向中的薪水、晋升到自己理想中的职位需要做哪些努力。相反的，有的企业薪酬分配不透明，缺乏科学的晋升机制，员工看不到自己在公司能拿到多少报酬，不知道自己要怎样做才能升职。这就好比是给一个正常行进中的人蒙上了眼罩，他就只能在黑暗中毫无目的地摸索前行。

在为员工树立发展前景方面，国内保险行业的做法值得广大企业效仿。每一个新进的业务员都有三条晋升之路：一条是经营团队，基层业务员在维持一定业绩的同时，不断壮大自己的团队，可从基层业务员一路晋升为主任、经理、总监，另一条是行销路线，还有一条是导师路线。每一个人都可以根据自己的能力选择一条适合自己的晋升之路。每一个人都知道，选择这条路以后应该往哪方面做哪些努力。每一个人都很清楚自己在这条路上能收获什么。

保险公司的晋升机制就像一个灯塔，稳稳地立在前方，为员工指明了前进的方向，时刻提醒他们该往哪个方向走，不至于有所偏离。这套机制又像是一剂兴奋剂，每当员工感到疲惫、有所倦怠时，看看自己有可能到达的远方，不断地激励自己继续坚持，很多人就是这样坚持着一路往自己设定的方向前行。

保险行业销售的是保障，在保险事故没有发生之前，保险公司的产品只是一个承诺，是看不见、摸不着的。虽然这个行业的产品如此特殊，但整个保险行业却呈现出一派蓬勃发展的势头，这与保险公司非常明确的发展前景是密不可分的。

然而，有的企业却光顾着抓客户，并未为员工制定一个科学的晋升机制。员工进来以后只知道自己每个月能拿多少钱，却不知道日后工资会不会涨、有多大的上涨空间；也不知道怎样才能升职、能上升到什么职务。在这种公司里，员工看不到自己的发展前景，也不知道自己该往哪个方向努力，企业留不住人才，员工"得过且过、混日子"也都是情理之中的事了。

所以说，不管是企业还是个人，都离不开远景的指示。

企业的远景就像是高悬于目的地的明灯，为人们指引着前行的方向。

经营一家企业更像是一场修行。

企业在日常管理过程中，经常会遇到各种各样的难题。管理人员管理能力的高低正是依据其解决问题的能力来评价的。所谓管理能力强的人，即是指那些面对问题、难题能又快又准地拿出应对措施并解决问题的人。工作中长时间面对这样那样的问题，难免会让人觉得疲惫、心生倦怠。

古人云，贵在坚持。

能长此以往坚持下来的人并不是因为他们内心真的会比普通人强大多少，很多时候，是因为他们心中有一个明确的方向在激励着自己。

绝大多数的企业在创办之初并不能为经营者带来盈利，很多企业在经营初期甚至是亏损状态。为什么这些企业能挺过艰难的"开头"最终进入盈利期？这正是因为经营者的心里时刻想着企业的发展远景，他们清楚地知道，只要挺过这段时间就能实现预期的远景。正是这个远景目标在不断地激励着他们，让他们在最艰难的时候也能咬牙坚持下来，最终到达预期中的远景之地。

打工族的圈子里流传着这样一句话：干一行，恨一行。甚至很多人会觉得自己所干的行业非常艰苦，苦到想要"告诫子孙后代不要做这一行"。

事实上，"众生皆苦"，每一行都有每一行的苦衷，每一行都有每一行的不容易。那些能在一个行业坚持下来、几十年如一日的人，并不是因为他们所在的行业真的那么令人甘之如饴，也不是因为他们真的就对那个行业热爱到"磐石无转移"，最主要的原因在于他们清楚地看到了自己在该行业可触及的远景。

远景就像是一碗鲜美的鸡汤，每当他们被问题所困，每当他们坚持不下去、想要放弃的时候，总能受到内心深处那个远景的激励，让他们卸下一身的疲惫，抖擞精神继续前行。

可见，对企业而言，远景至关重要。每一家企业不但要为自己制定一个长期经营的远景目标，还要通过一系列科学有效的政策、制度给员工一个清晰的远景，让他们安心为企业、为行业服务。

第 5 章

开晋眼：

让团队稳定扩张，人才辈出

员工不思进取、安于现状、故步自封？

不不不，是老板没有为员工做好职业晋升规划，员工看不到自己在团队内部的晋升空间。

开晋眼，科学规划团队晋升渠道，带领员工步步高升的同时成就企业的发展壮大。

》 不怕员工欲望涨，就怕老板没设计前途

很多老板都不喜欢那些欲望太强的员工，觉得他们的要求太多，难以满足。

殊不知，不想当将军的士兵不是好士兵。没有欲望的人反而是最难打发的。这种人对任何东西都没有兴趣，任何事情都无法激起他们的热情、都调动不了他们的积极性，绩效奖金也好，职务晋升也罢，他们通通不感兴趣。

正是因为"无欲则刚"，这种员工对公司的各项管理制度、激励政策都抱着无所谓的态度，没有东西可以激励他们，也没有东西可制约他们，公司很难对他们进行有效的管理。

那些害怕员工欲望太大难以满足的老板，往往是因为自己的格局太小，容不下员工正常的需求。

企业经营者在日常管理工作中不但要能准确发现员工的欲

望，还要能激活他们的欲望并对其进行有效的管理。简而言之，就是为自己手下的员工设计一个远大的前途。

企业经营者一定要清楚地看到，员工们的欲望是因人而异的。每个人的欲望都不同，老板要根据不同的欲望为他们设计不同的前途。

以保险公司为例，有些员工的欲望是金钱，行销路线是他们的不二之选。在这条路上，员工可以拿到更高的提成、赚更多的钱。而那些意在当老板的人，则可选择团队路线，在公司的体制下带领自己的队伍建立一个隶属于公司的团队。有分享欲的人则可选择走导师路线，把自己成功的经验分享给其他人的同时，实现自己的价值，拿到相应的报酬。

相关调查数据显示，对于知识型的员工团队，员工最大的欲望是成就感，之后是被赏识的感觉、工作本身、责任感、职务晋升、工资、奖金。高薪并不是所有人的最大欲望。企业经营者要想留住有用之才，就要为员工量体裁衣，满足他们的欲望。为了便于管理，可把员工划分成如下四大类型：

一是指挥型的员工，他们非常自信，具备一定的领导能力，有对他人下达命令、指挥他人的欲望。针对这种员工，企业经营者可以为他们设计一条职务晋升的坦途，用更高的职阶来满足他们领导他人、指挥他人的欲望。

二是关系型的员工，他们有着圆滑的性格，灵活处事，对维护人际关系非常重视，是天生的交际高手，在团队中左右逢源，与人交际，是他们最大的欲望。针对这种员工，企业经营者可以安排他们从事人际沟通的工作，如公关、营销等，可以将他们的交际能力充分发挥出来。

三是智力型的员工，他们具备某项专业技能，注重新兴技术的学习和钻研，常常沉浸在学术、技术研究的乐趣之中，淡泊名利。这种员工非常适合安排在技术岗位，不但能充分满足他们学习、钻研技术的欲望，还能为公司带来技术的革新。

四是工兵型的员工，他们处事低调，整日埋头在工作当中，任劳任怨，把工作本身当作自己最大的欲望；但是，他们并不具备很强的创造力，也缺乏应对危急事件、摆脱困境的能力。这种员工适合从事基层一线的工作，把他们安排在基层岗位，他们能如质如量地按照领导的要求完成工作，没有怨言，便于管理。这种人往往也是老板最喜欢的类型。但是，企业正常的运作过程中，只有这种类型的员工是不够的，他们并不能胜任领导、技术、沟通的岗位。

如果把《西游记》看作是一个小型的职场，里面的四位主角就是上述四种不同类型的员工。先说孙悟空，他本领高强、很多妖怪都是他收服的，平时就喜欢对猪八戒和沙僧指手画脚，给他们安排工作，是一个非常典型的指挥型员工。

再来看猪八戒，他能吃会喝，很会处理团队中的人际关系，每次孙悟空和唐僧之间有误会都是他去周旋、调停，他见谁都笑容满面的，披着"老好人"的外衣，是关系型的员工。

沙僧则是一个工兵型的员工，他沉默寡言，取经路上多数时候都是埋头苦干，挑担、做饭、喂马等粗活都是他做的，却从来没有一句抱怨之词。不过，他缺乏创造力，当团队身处险境时，他的应对、处理能力并不强，通常是作为孙悟空的跟班，帮他打打下手。

唐僧一路上不但要领导三个徒弟，还要对观世音菩萨和如来佛祖汇报工作。取经路上，他凭借自己高深的佛学造诣与各门各派周旋，并通过自己丰富的阅历为整个团队出谋划策，他内心强大、意志坚定，不被环境左右，为了出发之初订立的目标（去西天取回真经）不懈努力，是一个智力型的员工。

显然，上述四种员工的欲望类型各不相同。

对于领导型的员工，他们最大的欲望是成就感，他们最想要的是领导和其他同事的认可。

对于关系型的员工，他们最大的欲望是通过自己来影响周边的环境。

对于智力型的员工，他们最想要的是公司能给自己提供一个宽松的研究环境，能得到一个独立的创造机会。

对于工兵型的员工，归属感才是他们最大的欲望。他们虽然不注重追名逐利，却非常期待生活稳定、幸福。

每一个员工都有自己的欲望，无欲无求的员工在现实中是不存在的。企业经营者无须害怕员工的欲望，而是应该准确地发现他们的欲望，这是老板管理企业、带领员工团队最基本的工作之一。只有发现员工的真正欲望，并为其设计一条充满希望的路，给予他们想要的，才能有效地领导、管理员工。

每个人都有生活、生存的需求，获得劳动报酬是人们的基础欲望之一，所以说，工资是员工留在企业工作最基本的一个欲望。解决了最基本的物质需求以后，人们还存在交际、娱乐、成就感等各种精神方面的需求，这些都是员工对自己所在组织抱有的欲望需求。

如今，人们的物质生活极大丰富。人们在企业工作并不只是一味地追求高薪，其欲望因人而异。现代企业员工的身上通常会表现出如下特征：

第一，员工具有极强的独立性，他们更想在一个比较独立的环境中工作。

第二，员工在成就感方面具有强烈的欲望，他们一方面想要拿到不菲的薪水，另一方面，也想在某个领域有所成就，实现自身的价值。他们希望通过工作来锻炼自己的能力，一旦机会降临，就会又快又稳地把握机会；即使没有遇到合适的时机，他们也能为自己创造机会。

第三，员工越来越现实。他们进入企业工作，最直接的欲望就是薪水和工作环境，工作中经常会因为对企业的各种不满意而离职。

第四，现代企业员工易于接受新生事物，会在工作中把自己学到的知识与相关技能综合运用起来，具有极强的创造性。

第五，现代企业员工不但要求工作舒服、顺心，还想要有更高品质的业余生活，希望自己过得很幸福。

虽然薪酬、工作环境这两个现实因素会在很大程度上影响现代企业员工的择业，但是，成就感、幸福感等精神因素也会影响员工的去留。

如今，"80后""90后"已成为企业用工的主流大军，受其成长和学习经历的影响，他们的欲望更加个性化。企业经营者需要在日常工作中不断摸索、总结，从中发现他们的欲望特点，因人而异，为他们设计更合适的发展前途，让他们心甘情愿、自动自发地为企业服务。

企业经营者要为自己和员工设计一个共同的愿景和价值观，通过这个愿景和价值观来建设自己和员工之间的关系，为员工建立一个统一的立场准则。

再来看《西游记》这个小职场，师徒四人的共同愿景是：前往西天拜佛求经，四个人的所有工作都是为了达成这个目标。虽然前往西天的路上经历了九九八十一难，但是因为有了共同的愿景，唐僧这个领导者与手下的三个徒弟达成了共识，这就为他们的小团队奠定了实现组织目标的基石。

为了顺利到达西天、求取真经，作为整个团队的领导，唐僧为团队建立了一个共同的价值观：坚守出家人的八大戒律，一心一意求取真经。一旦有人做出违背组织价值观的事情，就要受到相应的惩罚，甚至是予以解雇（孙悟空就曾多次受到紧箍咒之罚，还曾被驱离团队）。

《西游记》的管理哲学同样适用现代企业的日常管理。成功的企业都会建立一个共同的愿景，老板和员工都围绕这个愿景对各项资源进行整合，全员一致推动企业持续发展壮大，在实现共同愿景的同时，实现老板、员工的共赢。

大量实践证明，共同价值观可有效促进员工的自我调节，还能有效地调试、管理他们的个人欲望。

企业经营者要正确认识到激活员工欲望的重要性。

经营者一定不要害怕员工有强烈的欲望，更不要刻意去打压他们的欲望，而是要想法设法将他们的欲望激活，这样反而能收获到一些意想不到的效能。对那些能激活自己欲望的领导，员工会心怀感恩，感谢老板把自己深藏于内的潜能给激活了，继而为自己、也为老板创造更大的价值。

在管理员工欲望方面，最高的境界就是充分激活员工的欲望，而非想方设法打压他们的欲望。比如孙悟空这样的领导型员工，他们非常渴望得到他人的认可，取经小组每次身陷险境时，他总能冲在最前面降服敌人。每次跟唐僧闹别扭、撂挑子的时候，不管是猪八戒还是沙僧前去花果山寻他，只要一句"师父不能没有你"（给了他高度的认可），他就会一洗前嫌，回去救大家于危难。这并不是说孙悟空度量大、不计前嫌，而是沙僧和八戒激活了他被人认可的欲望。

一个成功的老板要和手下的员工建立起如下两种契约：

一是经济契约，这也是老板和员工最基本的一根纽带。老板不是慈善家，他们经营企业最主要的一个目的就是盈利；员工也不是义工，他们进入企业工作最基本的需求就是获得薪水。所以，经济价值是老板和员工的共同追求。

二是精神契约，这是维系老板和员工关系的精神纽带，也是员工关系处理不可或缺的构成部分。员工进入一家企业工作，除了想要得到工资，也希望得到他人的认可、尊重。此外，他们对工作环境、企业文化、组织承诺也是有要求的。

　　企业经营者一定要正确对待员工的要求，通过经济、精神两种契约有效激活他们深藏于内的欲望。企业和员工之间是相互依存的关系，员工通过为企业工作而得到薪水，企业的日常工作都要由员工来完成，员工是支撑一家企业的支柱，也是企业持续发展壮大的力量。员工都是有欲望的，唯有欲望才能激发他们的潜能，企业经营者要正确对待员工的欲望，并对其进行合理的引导和有效的管理，从经济、精神两个层面来激活他们的潜在欲望，将他们的力量充分激发出来，让他们为企业创造更大利益的同时，也实现其自身最大的价值。

》 什么叫职业生涯规划？就是从生到死

人员流动是企业经营过程中的家常便饭。

造成员工主动离职的原因是多方面的，如薪酬水平、工作环境、企业文化、内部人际关系处理等，其中一项或几项令员工感到不满时，他们都会滋生跳槽的念头。

对员工去留影响最大、最直接的一个原因就是企业能否给员工提供一个完善的职业生涯规划。

什么是职业生涯规划呢？简单而言，就是员工在企业从生到死的规划。如果企业的版图足够大，能为员工提供充足的成长空间，足以让他们为自己设计后半生的幸福生活，直至自己退休终老，员工的各项需求都能在企业中得到满足，他们就不会离开公司另谋高就了。

当员工刚刚踏进企业大门时，他们是见习员工，此时，企业要为他们提供一个成长、晋升的标准，帮助他们从一个见习员工晋升到自己当老板。见习员工达到一定标准之后即可晋升为主管，主管达到晋升标准之后就可以成为经理，经理再晋升为总经理、店长、分店股东、老板。

这里所谓的晋升标准就是员工能帮老板额外多赚钱。

例如，一个见习员工每天的正常销售额为 1000 元，此时，我们可以将他的晋升标准定为 1500 元，他需要连续一个星期都能保持 1500 元的业绩才可转为正式员工。

为什么要把晋升标准定为 1500 元而非 1000 元呢？这是因为，1000 元是见习员工应有的业绩水平，如果员工达不到这个业绩，就代表其能力适应不了见习员工的岗位，所以，不能将这个业绩当作晋升更高职位的标准。

如果见习员工的业绩是波动的，第一天销售额为 1500 元，第二天销售额为 5000 元，第三天却只有 1200 元，此时，也不能让他成功晋升，而是应该将他的业绩清零。

为什么不能用平均业绩作为员工的晋升标准，而要采用连续业绩呢？因为连续业绩才是真功夫的体现，而平均业绩则存在幸运的成分。今天运气好，业绩就高一点，明天运气差，业绩就会掉下来，这也不是一个人的真实能力。所以，平均业绩并不能真正体现一个人的工作能力，不能将它当作员工的晋升标准。

以此类推，从正式员工晋升到主管，以连续几个月的业绩为标准；主管要想继续晋升，就以连续几个季度的业绩为标准……

通过这种方式制定出晋升标准，额外多赚的钱就可以拿出来继续投资开分公司，再让员工来当这个分公司的老板。企业经营者一定要算清楚一笔账，与其自己一个人亲力亲为，辛苦经营一家年赚百万的公司，不如给员工机会，让更多的人参与进来，把员工晋升时多赚的钱拿出来开更多的分公司，100家年赚30万元的分公司每年可为老板创造3000万元的利润，这比只开一家公司要划算得多。

所以，企业经营者无须害怕员工有晋升、想当老板的欲望，而是要给员工设计一个合理的晋升渠道，让他们为自己创造晋升的机会。正式员工培养出多少个正式员工就能晋升为主管，主管培养出多少个主管就能晋升为经理，再往上，经理培养多少个经理就能晋升为总经理，总经理培养出多少个总经理就能当上董事长……

殊不知，员工当上老板，并不是取代原来老板的位置，而是原来的老板也往上晋升了一级，有了一家新的分公司。

企业经营者要清楚地认识到，员工通过工作积累提升了自己的工作能力，他们欲望就会随之涨上来。这就需要老板为员工设计一个有希望的前途，让他们一路往上晋升，直到他们成为老板、成为董事长。

如果一家企业能为员工提供一条晋升之路，让他们从一名普通的见习员工一路成长为老板，在这个企业的版图之下，员工无须受到任何外力的管理，就会自动自发地来设计自己的后半生，直至退休终老。员工有了自己的职业生涯规划，自然就不会有跳槽的念头了。

一个拥有远景的企业再为员工设计一条合理的晋升渠道，就能把员工牢牢地抓在手中，直到他们退休、离开职场。

科学的晋升能为企业带来诸多好处。

第一，为建立分公司奠定人力、物力基础。从上述内容可以看到，创建分公司的资金是由员工在晋升过程中额外赚到的，合理的晋升可以为建立分公司做好财力、人力的准备。

第二，培养接班人。在企业经营过程中，每一个岗位、职务的安排都是一个萝卜一个坑，老员工往上晋升以后，需要有后来人填补空缺。通过下级员工的晋升来填补这个空缺是最合适的，这不但能满足下级员工的晋升欲望，还能为这个空缺的职位找到一个已经适应了企业文化、熟悉企业管理流程的人才。

第三，能有效降低员工的跳槽率。企业为员工提供了良好的晋升渠道，员工在这里能为自己设计一个满意的职业生涯规划，他们就会安心地留在企业，自动自发地为这个规划努力，遇到难题也会想方设法来解决，而不会选择离职逃避、另谋高就。

第四，能为其他员工建立好榜样。员工不会被管理，而只会被周围其他人所影响。员工凭借自己的努力晋升到更高的职务，这无异于为他身边的其他员工树立了一个好榜样，让他们清楚地看到，自己通过努力也能在公司得到晋升。

第五，晋升能助力员工实现业绩的突破。晋升标准是员工能力的体现，为了达到这个标准，员工会加倍努力，其能力提高以后，业绩自然也会随之增长。

企业日常经营中，员工加班是家常便饭。员工为什么愿意废寝忘食、没日没夜地加班加点？其目的当然不只是为了得到为数不多的加班费，而是为了能在企业得到晋升。虽然员工每往上晋升一级，其收入肯定会比原岗位更高一些，但高不了很多。职务晋升不仅是钱的问题，它更事关个人的价值感和成就感。员工为了满足自己的成就感、得到他人的认可，他们甚至愿意自己搭钱做事。

企业经营者要怎样来为员工设计合理的晋升渠道呢？

第一，要合理设计职级划分。职级档次并无硬性要求，只要适合本企业的实际情况，多少个档次都可以。最终档次不一定要是分公司的老板，也可以是股东、分店店长。

第二，薪资搭配。职级不同，薪资水平也要有所不同。越高的职级，对应的薪资就越高。

第三，晋升标准。员工必须达到晋升标准才能晋升到更高的职位。这里所说的晋升标准主要包含如下三个方面的内容：

一是业绩标准。业绩是企业的命脉，没有业绩的企业是无法长期存活下去的，老板不可能一直从自己的腰包里掏钱给员工发工资。所以，员工要想往上晋升，一定要达到相应的业绩标准。

二是接班人培养。员工往上晋升以后，原来的岗位就会空缺下来，需要有接班人来填补这个空缺。所以，即使员工的业绩达到了晋升的业绩标准，如果没有培养出合适的接班人，同样不能晋升。好的公司不需要人才市场，也不用专门搞招聘会，每个人都在招聘，因为不招聘、不培养接班人的话，即使业绩达标也升不上去。

三是上级评价。每一家企业的发展壮大都是团队协作的成果，个人英雄主义已经适应不了现代企业的发展模式了。哪怕一个员工十八般武艺样样精通，每一个岗位都能游刃有余，如果他不能正常地融入团队，不能团结下级、服从上级，即便将他留在企业，也没有任何意义。所以，员工要想成功晋升，还要得到上级、下级的认可和支持。每一个员工的晋升都应该是众望所归，这样的晋升才能实现员工价值的最大化。

员工的品行及其是否接受过专业的培训则无须纳入考核标准。

先来看品行。员工的品行没有好坏之说，在东家消极怠工的员工到了西家可能是一名积极上进的员工。现实生活中，真正品行坏的人并不多，员工的品行将随着企业的管理水平呈现出不同的状态。只要企业经营者从人性的角度出发，为员工设计一条合理的晋升渠道，发现他们的欲望并激发其潜在的欲望，让他们在工作中不断得到满足的同时还能得到意外之喜，他们的品行就不会有问题，也无需对他们进行特别的管理。

再来说培训和学习经历。要求员工先接受正规的、对口的培训才能晋升是不现实的。市场上也根本没有这样的培训机构。比如，副市长晋升为市长时，会不会要求候选人必须接受过市长培训？

这个道理同样适用于企业的员工晋升。

综合前述内容可知，一个成功的老板，必须为企业员工设计一条充满希望的晋升之路。人不会被管理，只会被影响。当员工面前铺设了一条充满希望的晋升之路时，他们就不会再骑驴找马，一边工作一边为自己寻找更好的老板，就能踏踏实实地在这家企业工作到老，在实现自我价值的同时为企业创造更多的财富。

》 如何将晋升落地？四个方面做完全

·

很多企业在经营过程中都面临着"人才难留"的难题。相关调查表明，员工离职最大的原因在于企业未能给员工提供职业规划，员工在企业看不到自己的职业发展前途，无法给自己制定出一个清晰的晋升目标，一旦有机会，他们就会做出离职、另谋高就的决定。也有的企业虽然制定了明确的晋升制度，却无法将这套制度确实落地。

企业想要在自己的领域内力压群雄、脱颖而出，人才是竞争的最终因素。大量的实践表明，员工在企业的成长过程实际上就是员工不断被激励的过程，只有为员工制定出清晰合理的晋升标准才能将员工的工作激情点燃，激发他们不断超越自我的欲望。所以，企业不但要制定一套科学的晋升制度，还要将其落实到位，做好员工职业晋升工作，并不断激励员工，如此方可留住人才，为企业的发展壮大建立一支强大的人才梯队。

企业要在日常经营中让晋升真正落地，首要工作就是要秉持科学的设计原则来制定一个能真正落地的晋升渠道。

第一，能力导向原则。员工必须具备一定的能力素质方可晋升，而非只凭工作业绩就将其晋升到更高职位。这主要是因为，每一次职务晋升都代表着被晋升者的管理层次也随之上升，管理工作具有一定的独特性，每一个管理层次所需处理的问题各有侧重，对管理者的技能要求也各不相同。如果单纯地将业绩当作晋升标准，就无法顾及组织效率，也达不到人与职位相匹配的效果。

例如，一个员工要从销售人员晋升到领班的职务。假设正常销售人员一个月的销售额是 10 万元，其晋升的业绩标准为 15 万元，必须连续 5 个月达到 15 万元才可以升领班。该候选人的业绩连续 5 个月都达到了 15 万元，这就证明其销售能力确实是达标的。但是，领班的日常工作不单只是销售产品，还要负责一些管理工作，要与公司的其他部门进行必要的沟通。这就要求他具备一定的管理能力和沟通能力，需要上级领导和全体员工对其综合能力进行打分评价，如果他的业绩达到了，但评分不过关，做不到众望所归，也不能成功晋升。事实证明，一个人的能力越强，如果做不到众望所归，其对企业的破坏性反而越大，几乎没有贡献性可言，基本上全都是破坏性。

第二，能升能降原则。企业每一个职务的任职者都应该是可以根据实际需要进行调整的。员工在企业所担任的职务是可升可降的，而非一路扶摇而上。对那些达到晋升标准的员工，要按照相关制度将其提拔到更高的职位；而那些达不到任职要求的员工则要及时地撤下来。

第三，持续改进原则。随着工作经验的积累，员工的工作能力也会得到相应的提升。此外，企业经营的业务也将随着市场的波动而进行调整。这种情况下，员工的晋升标准也要不断进行改进和优化，如此方可确保员工不断成长，为企业创造更大的利润。

在上述三大原则的指导下制定好员工的晋升设计以后，还要遵循如下流程将员工的晋升工作落实到位。

第一步，晋升规划。首先要合理划分员工的工作类别，为员工建立领导类、专业类两个晋升通道，并围绕任职资格、能力素质、工作绩效这三个方面制定相应的晋升标准。职务晋升的时间也不能随心所欲，通常是一年一次。不过，如果是对企业做出了特别贡献的人，部门主管要及时提报至人事部门，予以特批。

第二步，晋升评定。由有关责任人评估候选人的任职资格、个人能力与绩效，通过工作试用对其工作能力进行实测，并根据实测结果来决定晋升与否。

第三步，晋升控制。人事部门应制定科学的考核机制，定期考核每个岗位的晋升状况。

第四步，晋升调整。企业的经营战略与管理模式都会随着市场情况与企业实际经营状况做出必要的调整，员工晋升体制也要及时调整。实际工作中，通常以两年为周期对员工的晋升机制进行必要的调整。

员工职业晋升既是企业自身发展的必然产物，也是激励员工的需要。企业应高度重视员工的职业晋升，要基于企业自身战略发展需求的高度来对待，决不能是哪个领导一拍脑门就轻率决定的。

员工晋升是一把双刃剑，科学合理的员工晋升犹如一根定海神针，能让员工看到自己在企业的远大前程，安下心来为自己设计一个满意的职业规划，踏踏实实地在一家企业工作到退休终老。可倘若操作不当，不但起不到有效激励员工的作用，那些晋升到更高职位的员工很有可能因为无法适应新的岗位而失望离职。每一个员工都希望自己能得到上级和同事的认可，晋升到更高的职位，如果企业提供的员工职务晋升通道太过单一，无法面面俱到地满足各类员工的晋升需求，很有可能留下了这个却失去了另一个。

例如，某公司需要从一批技术骨干中提拔一位项目经理。小张和小刘两人在一众技术员中脱颖而出，顺利成为最终的候选人。民主投票的结果是，小张虽然技术方面更胜小刘一筹，但其管理、沟通能力远不及小刘，小刘是项目经理一职的最佳人选。

这个结果报到总经理处，总经理批准生效。人事部门正式下达任命书以后，小张却辞职了，公司因此损失了一员技术大将。

该公司之所以会出现这种因为员工晋升而导致其他人离职的现象，最主要就是缺乏科学的、多通道的晋升设计。

为了有效规避员工晋升操作不当带来的负面影响，企业要建立多重职业发展通道，如此方可为每一类员工提供晋升的空间，帮助他们在企业实现自我价值、找到成就感，让员工真正感受到企业的关心和重视。

企业为员工设计多重职业发展通道能为员工提供更大的发展空间，能为企业留住更多的人才。这种晋升通道是以员工的个人技能、工作经验、工作绩效为晋升标准的，员工的每一次晋升都是其个人价值得到肯定的结果，这就为人才培养的质量提供了有力的保障。

此外，这种科学的晋升模式能在企业内部营造出一个良好的竞争氛围，它能让员工清楚地看到晋升的机会属于公司的每一个人，自己通过努力达到晋升标准后，也能晋升到更高的职位。因为每一次晋升都有可能存在竞争，这就要求企业制定相应的规章制度对竞争过程予以规范，通过这种做法在企业内部营造一个良好的竞争氛围。如此一来，员工对企业的晋升环境更加注重，即便一次没有晋升成功，候选人也不至于要辞职离开。

这种晋升模式下，员工为了晋升到更高的职务，会主动投资接受必要的培训，为企业减轻培训压力的同时还能在企业内部营造出一个主动学习的氛围。

企业要对员工的晋升给予正确的引导。

一个基层业务员如果想要晋升为业务主管，就必须学习销售管理、员工培训、业绩考核、电脑操作等各方面的知识；一个业务主管想要晋升到销售经理的职务，需要学习市场营销、基本的财务知识和法律常识等。但职务晋升的候选人并不知晓自己有学习这方面知识的需要，这就需要对其进行必要的引导。

企业在对员工的晋升引导也不是一步就能到位的，需要分以下三步来进行。

一是晋升前的引导。这是让候选人了解职务晋升的相关要求和晋升标准，引导员工在日常工作中不断积累经验，持续提高自己的专业技能。

二是晋升中的引导。这是要对员工的晋升标准予以规范，对于合乎晋升标准的员工，予以晋升；对于那些还存在缺陷与不足的员工，虽然暂时不予晋升，但要引导其继续努力，争取下次成功晋升。

三是晋升后的引导。引导员工在最短的时间内掌握新岗位的相关知识，让他们尽快胜任晋升后的工作。

综合前面所述的内容可知，企业想要把员工职务晋升落到实处，首先，要秉持科学的设计原则，为员工制定一个合理的晋升渠道；其次，要严格遵循晋升流程，将那些合格的员工晋升到更高的职务；再次，企业要在内部建立多重晋升通道，确保每一个员工都能看到自己晋升的空间；最后，企业要为待晋升的候选人进行正确的引导。如果能把这四个方面全部落实到位，必定能把职务晋升机制的作用充分发挥出来，让每一个员工都能感受到企业对他的关注和重视，把员工和企业连成一体，让他们留下来安心为企业工作。

第 6 章

开薪眼：

让员工潜能迸发，绩效卓越

员工士气低落，管理者没有管理者的样子，跟手下员工抢客户？

不不不，是老板不会发薪水，让管理者不得不抢单来充实自己的腰包。

开薪眼，学习如何巧用薪资激发员工的绩效潜能。

》管理层薪酬必须规避哪两个死穴

　　管理层的薪酬一定会比他的下级更高吗？某些行业采用的是计件工资，这些岗位的员工多劳多得，他们通过自己的努力很有可能拿到比自己上司更高的薪水。

　　这种情况下，管理层的员工会不会心理失衡？底层员工会不会心理膨胀？考虑到这些方面，企业在设计管理层薪酬时必须规避以下两大死穴。

　　第一大死穴，管理者跟员工争业绩、抢客户。一旦企业的管理者跟自己手下的员工争业绩、抢客户，在这"争"与"抢"的过程中，不经意间就会把自己的身份压到普通员工的地位，就会失去管理者自带的威信，日后，员工会对管理者产生敌意，从此不再服从他的领导和管理。

| 案例 |

　　某企业就曾出现过管理者跟员工抢业绩、抢客户的情况。该企业的员工集体找老板告店长的状，说是如果老板不把店长开除了，大家就集体跳槽。经过了解，导致这么严重的问题出现不是该企业的沟通机制出了状况，也不是这些员工的人品有问题，而是其管理者的薪酬设定不合理。这位店长的薪资计算方式是底薪＋个人业绩提成。他与店员的区别在于他的底薪比店员高 2000 元。这位店长跟我诉苦，说自己年纪比手下的店员大了好几岁，已经结婚生子，家里上有老、下有小，而底薪只比普通店员多 2000 元，为了得到更多的工资收入，他唯一能想到的就是做出更多的业绩。该店所在的城市不大，很多光临该店的顾客多少都有点沾亲带故的关系，很难分清到底谁是谁的客户，甚至有时候，这位店长自家的亲戚光临该店时也会被当作店员的客户……

　　从这位店长的倾诉来看，他不但没有强行通过自己手里的权力跟普通店员抢客户，反而把自家亲戚这样的客户拱手让给了手下店员。

　　这家企业之所以会出现这种尴尬境地，最大的问题就出在其薪酬设定方面。大量的事实证明，如果哪家企业管理者的薪

酬采用的是底薪 + 个人业绩提成的计算方式，那就注定会出现管理者跟手下员工抢客户、争业绩的现象。

要想刹住这股歪风、规避这种不良现象，就要改变管理者的薪酬模式。正确的管理层薪酬计算模式为底薪 + 团队总业绩提成。

这种模式下，管理者要想提高自己的收入，单纯地自己做业绩是不够的，他并不能直接享受这些业绩的提成。唯有帮助自己的团队做出更多的业绩，帮助手下的员工拿到更多的收入，管理者才能拿到更高的工资。

通常，管理者的能力会比普通员工更高一些，为了让自己的团队做出更多的业绩，管理者会把自己一身的本领都教给手下的员工。员工的能力提高以后，就能做出更多的业绩，其工资收入也会随之提升。这种情况下，员工就会对上级管理者心存感激之心。而店长为了提高自己的个人业绩与店员抢客户的事情也就不复存在，他们站在柜台旁边看到有拿不下客户的员工，就会主动跑过去为店员提供帮助，助力他们与客户达成交易。为了提高团队的业绩，店长还会把自己家有消费需求的亲戚介绍到店里消费，因为这些业绩如果作为店长的个人业绩是无法为其带来提成的，所以，他会把这些亲戚介绍给手下的店员，得到帮助的店员也会对店长心存感激。

这种薪酬设计模式能调动管理层主动教导、帮助下级员工的积极性，得到管理层关心、帮助的下级员工则会对管理层心存感激，更加服从管理层的领导和管理。管理者的焦点不再集中在自己的个人业绩上，而会致力于让整个团队、整个部门都成长起来，他会想方设法来提高大家的业绩。管理者与下级员工之间不再是竞争的关系，为了彼此都能拿到更高的工资，管理者和员工会上下一心、共同努力，如此良性循环，即可实现企业、管理者和下级员工之间的多方共赢。

企业经营者一定要清楚地认识到，企业并不需要出神入化的业务大拿，一旦企业出现这种业务能手，就代表企业的业绩是有所依赖的。如果企业对某个人过于依赖，一旦这个人带着客户离开，企业就会面临灭顶之灾。

为了规避这种现象，更要合理设计管理层的薪酬，应该要让他们70%的收入源自团队的提升。

第二大死穴，能力强的员工辞职离开。

大量的企业实践经验显示，在离职的员工中，能力强的员工远远多过能力差的员工。为什么会出现这种情况呢？

举个例子，某企业每月的人均业绩是10万元，业绩超过10万元的，我们称之为价值员工，他们的存在能为企业创造价值；而那些业绩低于10万元的，则将其称作负债员工，他们的存在不但无法为企业带来价值，还会因为要拿底薪而吃掉企业的一部分利润。长此以往，企业的利润会被这些负债员工的底薪吃光。

试算一下，如果企业给员工的提成是 1%，对于价值员工，取得 10 万元的业绩可拿到 1000 元钱的提成，20 万元的业绩可取得 2000 元的提成，30 万的业绩可拿 3000 元的提成。再来看负债员工，7 万元的业绩可拿到 700 元的提成，5 万元的业绩也可以拿到 500 元的提成。

从这组数据可以看到，价值员工和负债员工的底薪是一样的，提成相差不大，最后拿到手上的工资总额也相差不大，这就会给人以"大锅饭"的感觉。也就是说，那些能力强的价值员工为企业创造的价值被这种大锅饭的薪资模式分摊给了能力差的负债员工。价值员工的积极性当然会大受打击。

事实上，平均业绩 10 万元是该企业平均每人每个月的业绩，企业日常经营所需的房租、水电、员工底薪等相关经营成本都已经分摊在这 10 万元中。若某员工当月完成了 20 万元的业绩，则比平均业绩多完成了 10 万元，这多出来的 10 万元几乎全都是毛利，成本非常低，即便以 2% 的比例给员工计算提成，也不会给企业带来任何损失。以此类推，如果员工当月完成了 30 万元的业绩，企业的各项经营成本已经在前面的 10 万元中摊派完毕，多出来的 20 万元都是企业的毛利，即便以 3%的比例给员工计算提成也不会给企业带来任何损失。

如果按照统一的提成比例 1% 来计算，30 万元的业绩企业应该给员工提成 3000 元。若按照分级比例来计算提成，即便给员工 7000 元的提成也不会对企业的利润带来任何损失，反而能为企业多创造十几万元的毛利。采用两种不同的提成计算方式，员工能拿到的提成相差悬殊。如果某企业采用的是统一比例给员工计算提成，而其竞争对手采用的是分级比例来计算员工的提成，那些能力强的员工必然会选择辞职跳槽。这种情况下，企业经营者无须指责那些离职的员工背叛了自己，更没有立场来责怪他们的人品有问题。

再来看看那些每月业绩不到 10 万元的负债员工，他们的业绩不足 10 万元，不够分摊企业的日常经营成本，再以 1%的比例给员工计算提成显然是不合理的。即便是以更低的比例来计算提成，都需要从企业的净利润中拿钱出来，都会加大企业的亏损。

俗话说，物以类聚，人以群分，能力弱的员工只会给企业吸引更多能力差的员工，而能力强的员工则会给企业引来更多的猛将。

所以，企业经营者应该善待并保护强者，那些能为企业创造价值的员工，不管他拿多少薪水都是自己创造的，对老板来说都是免费的。而那些不能给企业创造价值的负债员工，即使只拿几百元的工资，也都是从企业的净利润中拿出来的，对老板来说，都是昂贵的。

对此，企业应该采用两极分化的做法来保护强者、鞭策能力差的员工。

具体方法如下：计算出每个月每个人应该要达到的平均业绩值（该业绩需要分摊企业日常经营过程中的各项成本），以该平均业绩值为标准，对于超额完成的部分，提高计算员工业绩的点；对于那些未达成标准业绩的员工，则要压低计算其提成的点。

企业经营者一定要深刻地认识到，对所有员工的一视同仁实际上是对好员工最大的不公平和伤害。企业所聘用的员工在能力上各有高低，如果老板对他们同等对待，就会在企业内部形成一种"大锅饭"的氛围，这对人才的留用是非常不利的。这种体制对能力强的人来说太不公平，就等于老板用能力强的人创造的利润养着那些能力差的人。负债员工就像是企业内部的寄生虫，企业并非慈善机构，长期养着大批的寄生虫将严重影响企业的发展。

基于前述内容可知，企业想要让管理者积极主动地行使自己的职权、帮助员工不断成长进步，一定要对管理层实施科学的薪酬体系，采用底薪 + 团队总业绩提成的计薪模式，把管理层的薪水与整个团队的总业绩相挂钩，有效规避管理层跟下级员工抢业绩的不良现象。再者，对于能力参差不齐的员工，要采用分级绩效的方式来计算其提成，通过这种做法来鼓励价值员工、鞭策负债员工，成功规避企业内部出现"大锅饭"的不良情况，不让企业内部出现"寄生虫"员工，将每一个员工的能力充分发挥出来，为企业创造更多的利润。

》让强者"升官发财"，让弱者活活"饿死"

　　企业是追求营利的组织，而非慈善机构。一个能力强的价值员工可为老板创造更多的利润，而一个能力弱的负债员工却会消耗企业的利润，成为企业的负担。

　　企业要想甩掉负担，在强者的助推下轻装上阵，不断发展壮大，一方面要建立一套先进的激励机制为强者创造更多"升官发财"的机会，让他们在为企业创造利润的同时自己也能从中得到好处；另一方面则要建立一套科学的考核机制，让那些能力弱的人无法在"大锅饭"里蹭饭吃，凭业绩说话，业绩不达标者只能活活"饿死"，被企业淘汰出局。

　　能为企业带来利润的价值员工才是企业打败行业内竞争对手，持续发展壮大的利器。企业即使给他们许以高薪，老板也无须从自己的腰包里掏钱出来养着他们。他们凭借自己的能力为老板创造了利润，老板在企业里给他们许以更高的职位（"升官"）、给他们更多的业绩提成（"发财"）也是理所应该的。只要将许给员工的毛利控制在合理的范围之内，让强者能"吃香的、喝辣的"，也不会损害到企业的利益，反而能激励员工为企业做出更大的贡献。

前一章节已经论述过员工提成的计提情况，那些业绩超过平均业绩的人，超出的每一分钱都是毛利，其成本相当低，从这些毛利中给员工计提更多的业绩奖金并不需要老板自己掏钱，反而能激励员工加倍努力，为企业带来更大的利润。可是，如果老板无视这些价值员工所做的贡献，让他们跟那些能力平平者甚至是能力差的员工拿着差不多的薪水、享受着差不多的福利待遇，这对能力强的员工而言是极不公平的。此举会伤害他们的工作热情，打消他们的积极性。如果同行给出更高的薪资待遇，他们就会毫不犹豫地跳槽离开。

价值员工之所以能比其他人做出更多的业绩，他们的身上必定有常人所不具备的强项，有其他人尚未掌握的本领。因此，要把他们提升到更高的职位，给他们"升官"，让他们成为一个团队的管理者，并把他们的薪资与团队业绩直接挂钩。团队越强大，团队做出的业绩越多，管理者就能拿到越多的报酬，真正实现"升官发财"一条龙。

管理者要想拿到更多的薪水、发更大的财，就会想方设法让自己的团队变得更加强大。为了提升整个团队的业务能力，他们不但会把自己的所知所学毫无保留地倾囊相授，还会自动自发地学习一个管理者应该具备的各项本领，不断培养团队的同时也继续提升自我。

案例

张京应聘到 A 公司营销部做了一名普通的业务员，三个月的试用期内，他的业绩直追正式业务员，得到了上级主管的高度认可。试用期结束以后，他顺利转正。因为业务能力突出、业绩一直名列前茅，营销部经理任命他为业务组长，于是他成为一个五人团队的管理者。

荣升组长以后，为了让手下的组员能成功销售出更多的产品，张京不但在下班以后把组员们召集起来进行技能培训，还会时刻关注组员们的工作表现，当组员们遇到难缠的客户时，他会第一时间赶过去帮忙。每天的例会上，他都会客观地指出组员们的不足之处，并告诉他们应该如何纠正这些问题。

几个月下来，整组的业绩翻了两番，张京被提拔为业务主管，成为三个业务小组的领导。因为职务的提高，张京原来的营销技能已经不够用了，还需要掌握一些团队管理技巧和相关的财务知识，他感觉到工作越来越吃力，于是自己掏钱在网上买了一些管理和财务方面的书籍，下班回去以后就看书学习、提高自己的管理水平。

从张京成长的经历可以看到，对于那些能力强的、上进的员工，企业要不遗余力地给他们创造机会、尽可能地为他们提供发展平台，让他们找到用武之地，充分发挥自己的本领，在实现自我价值的同时，帮助他人更好地提升，也为企业创造更大的利润。

让强者升官发财实际上就是通过对强者给予物质和精神两方面的双重肯定，增强人才的黏性，把人才留为己用，实现人才、其他员工和企业的多方共赢。

然而，并不是所有员工都是业务能手，都拥有强大的工作能力。众多的员工当中，也有些滥竽充数之徒。他们有的是本身就能力低下，也有的是拥有一定的能力，但不思进取，一直原地踏步。

必须承认的是，这世上没有为企业量身定做的人才，每个新员工进入企业以后都需要一个适应的过程，需要一段学习和成长的时间。为了帮助新员工尽快成长起来，很多企业都制订了人才培训计划，为新进员工提供诸如企业理念、专业技能等各方面的培训。

有的人能在培训中真正成长起来，逐渐适应企业环境，胜任本职工作。有的人却不思进取、拒绝成长，虽然接受了大量的培训，却仍然无法很好地完成本职工作。

案例

小关和小陈是同班同学，两人毕业之后同时被某机械设备公司录取，进入该公司营销部工作。因为两人都是应届毕业生，企业为她们提供了职前培训、企业理念培训、营销技能培训和产品专业知识培训。

小陈除了认真参加公司指定的各种培训以外，只要听到其他部门有任何培训课程，都会想尽办法参加。平时接触不多、不熟悉的部门，她会拜托主管帮她打招呼，争取其他部门的主管同意收下她这个"旁听生"；对于熟悉的部门，她会央求该部门的主管同意她在一旁听课。工作过程中遇到什么不懂的问题，她也总是虚心地请教身边的同事。

她的聪敏好学得到了同事们的一致认可，大家都很乐意为她答疑解惑。她只用了一个月的时间就基本掌握了公司产品的相关知识，对公司各项规章制度了然于胸。入职第二个月，她已经成功开发了一家新客户，接到了人生的第一张订单。

小关则不然。大学主修市场营销的她对机械设备提不起丝毫兴趣，一听到产品的参数、性能就觉得头昏脑涨。三个月试用期结束时，她对公司的各项规章制度一知半解，因为没有全面掌握产品知识，根本不能单独拜访客户。

考虑到小关是一个刚走出象牙塔的应届生，还不太适应校园外的社会生活，她的主管为她延长了一个月的试用期。

可是，四个月以后，小关的情况并没有太大的改善，在一次触犯公司财务制度以后，她一肚子怨气地离开了公司。

小关和小陈在现实工作中是两个典型的极端。小陈进入公司以后很快就可以凭借自身的实力和努力混得风生水起，不但可以得到上司和老板的赏识实现升职加薪，还能为企业创造越来越多的利润。毫无疑问，这种员工是非常受老板和管理层欢迎的。

现实工作中，对于小关这种员工，企业的处理方式就各有不同了。

有的企业会严格按照公司的考核机制对他们的工作能力和业绩进行考核，考核不合格的，直接淘汰。

也有的企业迫于用工压力，认为只要对员工不断进行培训就能让他们掌握应有的各项技能，只要给他们足够的时间和历练就能让他们成长起来。事实上，老板的这种想法很少能够如愿。很多此类员工不但感受不到老板的良苦用心，还把混日子当成一种习惯，乐得在"大锅饭"里蹭饭吃，日复一日、年复一年，长大的只有年龄，自身的本领却丝毫没有长进。对于这种人，企业一边用着一边嫌弃着。另一方面，却是员工的满腹抱怨。弱者抱怨自己在企业服务多年没有功劳也有苦劳，可企业却不重用自己，以至于工作多年仍然拿着微薄的薪水；强者抱怨企业用人体制有问题，养了一些只拿钱不干活的人。

如此一来，企业、员工就会陷入一个恶性循环。

还有的企业觉得在这些员工身上已经投入了一些时间和金钱，与其再从外面去招聘新的员工，不如把这些员工调换到另一个工作岗位，公司那么多职位，总有一个岗位是适合的。可是，调换了很多工作岗位以后，却仍然找不到他们真正能胜任的工作。而此时企业在这些人身上投入的精力就更多了，要放弃就更不甘心了。可继续留用的话又实在找不到合适的工作岗位来安排他们。

对此，企业要制定一套科学的绩效考核制度，严格按照考核办法定期对员工进行考核，并根据考核结果对员工做出相应的处置：该升的要升，该降的要降，不能胜任的要开除。

企业经营者一定要清楚地认识到，做企业绝非做慈善，企业要追求利润。在企业聘用的众多员工当中，只有那些有价值的强者才能为企业创造利润。而那些长期止步不前的负债员工只会成为企业发展的绊脚石，他们留在企业只会消耗企业的净利润，他们拿到的工资，每一分都源自企业的净利润，即使他们的薪水不高，也需要老板自掏腰包，对企业和老板而言，都是昂贵的。企业绝不能任由这种员工长期混迹在团队中，而要通过科学严谨的考核机制把强者筛选出来，为他们提供充足的平台，帮助他们在升职加薪的同时为企业的发展贡献更大的力量。也要让负债的弱者清楚地看到企业不是弱者的避难所，没有"大锅饭"可吃，如果不成长，就只能被活活"饿死"。

》 薪酬设计三板块分别是什么

企业经营者都希望自己手下的员工能在如下三个方面有优秀的表现：

第一，员工要做好自己的本职工作。企业聘用的每一个员工都有自己的本职工作要做，如果员工不能胜任该岗位的工作，就会拖累整个团队的工作效率，应该被淘汰出局。

第二，员工要能做出业绩。销售是企业的命脉，员工做好了自己应该做的事、生产出了优质的产品，如果卖不出去，再多的库存都只能是一堆废品，最终将被市场淘汰。要解决产品的销路问题，只靠业务员是不够的。企业可鼓励全员销售，只要员工能把产品销售出去，就能拿到相应的业绩提成，得到一笔可观的外快。有了这样的激励政策，员工白天是职员，下班之后就会自动自发地去销售产品，主动化身为业务员。如此一来，每个人都能赚外快，连打扫卫生的清洁工和负责守卫的保安都能通过自己的努力拿到除本职工资以外的销售奖励，企业也就跟着一起赚到了外快。每个员工都活动起来，每个人都是一个独立的门店，企业甚至有一半的业绩都是由这些员工通过业余时间创造出来的。

老板要打开格局，想方设法提高员工的收入，当员工的月收入能达到3万~5万元的时候，他们为企业创造的利润远不止这些。

但很多企业并没有制定这样的激励政策，员工们都各司其职，只做自己的本职工作，这些企业的业绩全都是通过门店或业务部来创造的，员工的潜力并未被充分激发出来，员工的积极性也没有被调动起来，这其实是一种人力的浪费。

第三，老板希望员工对自己交代的事情听话照做、立刻行动。

在很多三四线城市，企业给基层一线员工开的工资并不高，只有2000元左右。但是，在同一地区，有的企业给员工开的最低底薪都达到了3500元。对比之下，人们当然会选择去底薪3500元的那家企业工作。为什么他们能给员工开出比市场行情高得多的底薪呢？

事实上，这个3500元是通过三种不同的工资项目组合而成的。

第一项是岗位工资。何谓岗位工资？具体的做法是，把该岗位负责的所有工作全部罗列出来。比如，岗位职责一，地拖几遍；岗位职责二，多长时间打扫洗手间；岗位职责三，桌子擦几遍；岗位职责四……每一条都计以相应的分数，该岗位上的员工必须保质保量地完成这些工作，对没有完成工作的予以扣分处理，扣分即是扣钱。

第二项是业绩工资。每一个员工都有相应的工作指标。例如，某店为旗下员工分配储值卡销售任务，给普通服务员分配的销售指标是 50000 元，给保安人员分配的销售指标是 10000 元，给打扫卫生的保洁阿姨分配的销售指标是 5000 元……假定普通服务员完成 50000 元的销售指标可以打 100 分，若只售出了 25000 元，就只能得到 50 分……以此类推，员工完成多少任务就给他打多少分，完成多少分就能拿到与之对应的业绩工资。这种模式下，每一个员工都化身为业务员，每一个人都能赚到外快。

第三项是表现工资。表现好的员工可以拿到这项工资。这里所说的表现好指的是心态好、态度好。比如，不迟到、不早退，遵守公司规章制度，工作积极主动，任劳任怨，勇于承担责任，和周围其他同事互助互爱、彼此协作，为团队无私付出……这些都可以称作是表现好。同样的，每一项都有相应的得分，得到多少分数就能拿到与之对应的工资。

这三项工资一起组成了员工的底薪：岗位工资 1000 元 + 业绩工资 2000 元 + 表现工资 500 元，合计 3500 元。这个底薪听起来比同行高了很多对吗？其实不然，不是每个人都能拿到全额底薪 3500 元的。

要拿到 3500 元的全额底薪，员工必须达到一定的条件，岗位工资、业绩工资和表现工资都要打满分才行。对于那些表现好、能力强的员工，这个金额是真的，通过他们的努力，的确是可以拿到的。但是，对于那些只想当寄生虫的员工而言，这只是一个能看得见却摸不着的数字，要想拿到这个底薪，就要改掉身上的诸多坏习惯，真正行动起来。

假设某企业有在职员工小张，他在自己的工作岗位上表现不错，基本上能完成各项本职工作，岗位得分 60 分。其业绩完成得不太理想，只达到了一半的业绩，业绩得分为 50 分。他的日常工作表现也还好，得到了 60 分。小张本月可拿到多少底薪？

计算过程如下：

（1000×60）÷100+（2000×50）÷100+（500×60）÷100
=600+1000+300 = 1900（元）。

也就是说，小张的岗位得分是 60 分，他能拿到的岗位工资就是 600 元；他的业绩得分是 50 分，他可以得到 1000 元的业绩工资；他的表现得分是 50 分，可以拿到 300 元的表现工资。这三项工资之和就是他本月实际到手的工资 1900 元。

从这组分数来看，小张在公司的表现是非常普通的，甚至偏下。在企业的实际经营中，普通员工的表现基本如此。同行开的就是 2000 元的工资，与上例中计算的金额相差不大。但是，事实证明，如果采用的是三项工资累加的方式来计发工资，那些每月拿 1900 元的员工在日常工作中的表现往往比拿固定工资的员工要更加优秀。

虽然表现普通的员工只能拿到 1900 元，但他们干起活来却比那些拿着 2000 元固定底薪的员工要更好一些。比如，他们擦的地比拿固定工资的人更加干净，他们的洗手间也比拿固定工资的打扫得更干净……

为什么会出现这种状况呢？

这是因为，在以三项得分的总和来计算底薪的薪酬模式下，员工为了拿到更高的分数、得到更高的薪水，会努力冲分。他们白天是兢兢业业工作在本职岗位上的普通职员，但下班以后，他们就成了业务员。对于一家成功的企业，有 40% 的业绩都是员工们利用业余时间做出来的，这种全员销售的模式可以保证企业实现旺季很旺、淡季不淡的效果。

虽然员工只拿到了 1900 元的底薪，但是，为了得到高分，他们会服从管理层的领导和管理，对上司的话认真照做、立刻执行。如此一来，企业的日常管理就会变得更加顺畅，员工与管理层之间的摩擦更少，员工的执行力更强，团队的总体工作效率都会随之提升，但管理成本、员工工资却并没有因此增加。

当然，这种薪酬设计最本质的目的并不在于变相压低员工的底薪，更不是欺骗员工。事实上，如果员工能按照相关规定，保质保量地完成本职工作，他们的确是可以拿到比同行更高工资的。老板也大可不必担心给员工发放比同行高得多的工资会加大企业的人力成本，能拿到 3500 元全额底薪的人越多，于公司和老板而言，反而更是好事。

为什么这么说呢？

该薪酬设计模式中，员工能拿到的岗位工资和表现工资都是固定不变的（岗位工资 1000 元，表现工资 500 元），只有业绩工资是上不封顶的。如果上例中的小张当月业绩是 50000 元，在业绩工资这一项目中的评分是 100 分，则他可以拿到 2000 元全额的业绩工资。如果他当月完成了 60000 元的业绩，则除了 2000 元的业绩工资以外，他还能拿到公司发放的额外奖励。若是他的能力更强一些，当月完成了 100000 元的销售业绩，则他能拿到的额外奖励就更高了。事实上，他每多拿一分钱的奖金，就代表他为公司创造了更多的利润。

一样的道理，如果公司的每一个员工都能拿到 3500 元的全额底薪，甚至是更高的工资，这就代表他们销售了更多的产品，为公司带来了更多的业绩。这种薪酬设计能让全体员工都动起来，所有人都在冲高分，所有人都在创造销售业绩，人人身上都有指标，可在企业内部开辟出一种千斤重担万人挑的大好局面。

如此一来，员工的管理不再由他们的上级来进行，而是通过机制卡尺直接管人，这就有如齿轮结构一般环环相扣，让员工自动自发地投入到工作中。

将员工的底薪划分为岗位工资、业绩工资、表现工资三个大的板块，为每一个板块工资设计相应的打分机制，通过该机制对员工的日常工作进行评分，把员工日常的一举一动都量化成分数来直接与他们的工资挂钩，这种新型的薪酬设计方式比固定底薪的计薪方式更加科学，更符合人性的需求，更适用现代企业的发展。

对比固定底薪的薪酬模式而言，新的薪酬设计下，员工是通过本职岗位、销售业绩、日常表现这三项的评分来计算工资的，他们有拿到更高工资的可能。该模式对员工在各个岗位上应该完成的本职工作进行了细化和量化，让他们清楚地知道自己应该做什么、应该怎么做，为他们提供了更大的发展空间。为了得到更高的分数，为了拿到更高的工资，员工对上司更加服从，这就为管理层提供了一把神兵利器，为他们节约了大量的工作负担，让他们有更多的精力来提升业绩。企业内部的管理会变得更加通畅，企业总体的工作效率也将随之提升。

》薪酬落地七方案分别怎么做

　　现实生活中，很多企业使用的都是固定底薪的薪酬设计模式。前一章节提到的新型薪酬设计模式对绝大部分企业来说仍是一个未知领域。对员工而言，这种未知的风险性就更大了。和固定底薪的薪酬模式进行对比，新模式下，员工能拿到多少工资是不确定的，有可能比同行高得多，但也有可能比同行更低，给不了员工安全感。这种不安全的感觉将引发员工本能的抵触和排斥，很多人不愿意冒这样的风险。

　　所以，企业要想将这种新型的薪酬设计模式应用到日常管理中来，需要有适当的过渡。

　　先要针对企业内部的各个工作岗位逐项罗列出其岗位职责。即把每一个岗位需完成的本职工作一项一项地列出来，让员工清楚地知道自己应该做些什么工作，并给每一项工作制定一个评分标准，让员工知道自己应该怎么做这些工作、应该做到什么程度。

一些小公司因为人手有限，很多时候需要员工身兼数职，此时更要明确地列出岗位职责，除了要清楚地罗列出员工应该干的工作，一些原本不是这个岗位的工作，但因人手原因需要该岗位来做的事更要明文列出。

比如，正常情况下，打扫办公室卫生应该是保洁员的工作，但因公司人手不够，各部门办公室的卫生由本部门负责。此时，扫地也就成了每个部门应该要做的事。简而言之，若公司人手不够、工作分派不过来，就可以把本不该这个岗位的员工做的工作列在其岗位职责内。

值得注意的是，如果担心日常工作中出现一些岗位职责未注明的工作，或是因突发事件带来一些突发工作，可在本职工作中加注一条：做好领导临时交办的工作。

举个例子，小王在某公司财务部任出纳一职。有一次，财务总监让她送一份发票到接待室。当时，财务总监和销售总监正在与客户商谈几个合同的付款事宜。她把发票交给财务总监以后，总监又让她为大家续一杯咖啡。小王心里不是个滋味，端茶倒水可不是她这个出纳应该做的事。她没有当众拂总监的面子，但等总监回到财务部以后，她就委屈兮兮地找总监诉苦，说她本来工作就很忙，给客户端茶倒水根本不是她分内的事，请总监以后不要再派这样的工作给她。

小王的想法有错吗？诚如她所说，接待客户确实并非她的本职工作，但是，完成上级领导临时交办的工作却是她这个岗位的应尽之责。

完成上级领导临时交办的工作是每一个员工的应尽之责，所有人都要无条件服从上级领导的安排，把这一项工作纳入每一个岗位的岗位职责中，就能有效规避上述案例中出现的问题。

接下来，要对业绩标准列项。全员销售，人人身上都有指标。但是，每个岗位的工作侧重各有不同，不同岗位上员工的销售能力也各有高低，这就要在科学地评估后为各个岗位列出合理的业绩指标，而非用一个统一的指标来要求公司的每一个人。

对于业务员、保安、保洁员这三个岗位，销售能力应该是业务员的最强项，普通的保安、保洁员则通常不具备很强的销售能力。在为这三个岗位分配销售指标时，就要区别对待，业务员的销售指标应该是最高的，保安和保洁员的指标要比业务员的指标低得多，尤其不能出现保安、保洁员的业绩指标比业务员还高的不合理现象。

最后，将员工的表现逐一罗列出来。员工在公司表现的好坏有共同的尺度来衡量，比如，不说负面的话，不迟到、不早退，遵守公司规章制度，工作积极、主动，任劳任怨，勇于承担责任，和周围其他同事互助互爱、彼此协作，为团队无私付出等。除此之外，还要考虑到岗位的差异，针对岗位特征为每个岗位设计特定的衡量标准。这一项没有特别的标准可循，员工哪方面会让管理者头疼，就把这方面纳入表现分，有了这一板块的约束，为了冲分数，员工就会尽可能地做好。

但是，这种新型的薪酬设计模式对员工来说是一个未知领域，员工们更习惯于没有业绩工资和表现工资的固定底薪模式。两种薪酬设计模式的区别在于，新型薪酬模式下，员工最终能拿到手的工资是浮动的、不确定的，有可能比固定底薪高，也有可能不及固定底薪高。如何才能让员工顺利接受这种不确定的底薪模式呢？

案例

小王原来拿的是固定底薪2000元，老板想要让他接受新的底薪模式，可采用如下思路与他沟通。

老板：小王，你现在底薪多少钱啊？

小王：2000元。

老板：我每个月多给你400元好不好？

小王：好（每个月能平白无故多拿到 400 元，当然好）。

老板：我多给你 400 元，你也从底薪中拿出 400 元，把底薪降到 1600 元，双方各拿出 400 元，总共就是 800 元，我们把这 800 元分成业绩工资和表现工资两大块,通过打分来获得,好不好？

小王：不好（因为自己的底薪少了 400 元，自然而然地抗拒这种做法）。

老板：你让出 400 元，我多给你 400 元，总共就是 800 元，虽然你的底薪降到了 1600 元，但你可通过打分来获得这 800 元。即便你表现很普通，只能打到 50 分，你能拿到的工资跟以前一样没有变化，就算你这个月表现非常差，只打了 40 分，也就只会损失 30 元钱，除非你打 0 分，才有可能损失 400 元。可是，你的能力在不断提升，工作也会越做越好，只要你打到 60 分，每个月就能多拿几十元钱，如果表现更好一些，你甚至可以拿到 2400 元。

小王：……（犹豫不决）

老板：这样吧，我给你多开 400 元，你让出 300 元，底薪降到 1700 元，另外的 700 元通过打分来获得，就算你打 50 分，你能拿到的底薪也比之前高，咱们试行 3 个月，即便你有损失，也就只损失几十元钱，如果这种模式让你每个月的底薪都不如以前高，咱们再改回来，你看要不要试一试？

小王此时将抱着试试看的心态点头认同。毕竟老板算得没错，他的实际工资上涨的可能性更大一些。

事实上，这种新的薪酬设计下，老板拿出的400元和小王工资中让出的300元总共有700元，小王的底薪从原来的2000元降至1700元，也就是说，他的岗位工资为1700元，再设定其业绩工资为600元，表现工资为100元。即便小王维持原来的工作水平，他能拿到的工资也会比过去高一些。

试行半年左右，老板继续再找小王谈话。

老板：你看，现在的收入比以前高多了吧？咱们再继续调整一下，这次，我拿400元，你还是从工资里让出300元，我们总共拿出700元，同样通过打分来获得，好不好？

小王：好（因为前面尝到了甜头，自然会同意）。

通过这次调整，小王的底薪从1700元降至1400元，业绩工资同样分得600元，表现工资再次分得100元，如此一来，他的薪资结构如下：底薪1400元，业绩工资1200元，表现工资200元。因为之前尝到了甜头，小王的积极性会更高，他的工作表现和业绩都会比以往更好，他能拿到的工资也就比之前更高了。

再试运行半年以后，老板可以仿照之前的模式继续进行调整。通过三次过渡，小王的底薪就降到了 1000 元，业绩工资则可提升到 2000 元，表现工资可以到 500 元，底薪合计为 3500 元。调整到老板预期的标准以后，即可在企业内部全面实施。

新的薪酬模式为什么不能一步到位地实施下来？因为人性天生排斥未知领域。一个新政策的执行，必须通过几次合理的过渡，才能完全地、顺畅地落地。这和温水煮青蛙的道理是一样的，青蛙从凉水换到温水是能活下去的，不过，需要一点点地过渡，如果一下子把青蛙从凉水里捞起来直接丢进滚烫的水中，它必定会拼尽全力从滚水中跳出来。

新的薪酬模式将涉及员工的打分。这项工作应该由谁来完成呢？

老板吗？企业聘用了那么多员工，老板连有些人的名字可能都叫不出来，更不可能为全体员工逐一评分了。

客户吗？不现实，客户根本没有闲心做这些事情。

员工自己给自己评分吗？更不现实，自评分与员工的实际表现有可能完全是两回事。

互评吗？也不合适，员工很有可能互相包庇，彼此拔高对方的分数。

实践证明，由干部来打分是最合适的。

何谓干部？干部就是那些身负三种权力的人。

第一种，经营权。老板要给各级干部赋予相应的经营权，企业日常运作中，老板只与自己的直接下属接触并交代他们相应的工作，再由他们去与下一级员工进行沟通，各级之间不得出现越级沟通的现象。如果各级领导不顾级别权限，都跑到基层一线去发号施令，底层员工就不知道该听谁的话。

第二种，财政权。企业经营者要赋予各级干部决定直接下属工资收入的权力。经营企业好比带兵打仗，到月底发军饷的时候，带兵打仗的元帅一定要有权力决定下级军官拿多少军饷，下级军官则要有权决定一线士兵的工资。如果军营中上级将领无法决定下级的军饷，而都是由皇帝来定夺，底层的士兵就无法及时拿到军饷（从京城到前线战场快则十天半个月，慢则几个月、半年），打起仗来也不会有人服从将帅的指挥了。

第三种，人事任免权。这正如古代行兵打仗时元帅要有开除下属的权力，下级员工对上级领导没有畏惧之心，这对管理层的日常管理是非常不利的。

企业经营者一定要赋予各级干部这三项权力，没有经营权、财权、人事任免权的干部在员工眼里就不是干部，员工也不可能服从这种"三无"干部的领导。如果员工不服从干部的领导, 干部就有权在评分时给他打 0 分, 试问, 这种情况下, 员工对干部还能毫无畏惧之心吗? 把打分的权力交给干部, 就等于给干部赐了一把尚方宝剑, 让他们能更好地、更有力地管理手下的员工。

总而言之, 新的薪酬设计模式比固定底薪的模式更能有效激发员工的潜力、调动员工的工作积极性。但是, 这种新型模式对员工而言是一种未知领域, 考虑到人性对未知事物的抵触和排斥, 企业经营者不能单纯地行使老板的特权, 强行地、自说自话地在企业内部推行这一新的薪酬设计方式, 要秉持以人为本的理念, 用温水煮青蛙的原理, 有计划、分阶段地合理过渡。具体可通过如下七个步骤进行。

第一步, 根据企业的实际情况合理设计一个新的薪酬方案。

第二步, 每月发工资时将员工实际到手的工资金额与第一步制定的薪酬方案进行对照, 并合理调整、修复。如果依照新的薪酬方式员工拿到的工资比固定底薪更低, 就要将其调高; 如果比固定底薪高太多, 也要回调修复。要确保员工实际拿到的工资比固定底薪高一点, 让员工确有甜头可尝, 但又不能让老板掏自己的腰包给员工多发工资。

第三步，对照方案再次进行修复。每一项新政策的实施都需要一个不断完善的过程，新的薪酬模式也要边做边调整。

第四步，将新、旧两种薪酬模式进行对照，只有当企业能轻松驾驭时方可全面实施。若不能自如驾驭，就还要继续试行。因为这项政策的实施需要老板拿出真金白银，在将其确定为长期政策以前，一定要慎之又慎。

第五步，首次小范围实施半年。

第六步，再次小范围实施半年。

第七步，第三次小范围过渡后，在企业内部建立一个标准版的薪酬体系。

经过多次过渡验证后，这种新的薪酬模式即可成为企业全面实施的工资体系，企业经营者就能在不自掏腰包的情况下给员工开出比同行更高的工资。

第 7 章

开信眼：

让团队统一思想，万众一心

员工不团结，矛盾频繁、冲突不断，老板难断员工事？

　　不不不，是老板没有成功建立企业价值观。

　　开信眼，学习如何为企业树立科学的价值观，用企业文化规范员工的行为，用信仰来解决员工内部的争端。

》 制度解决不了的问题，用文化和信仰解决

世事没有绝对的对错，任何事件都存在两面性，所谓的"对"与"错"都是相对而言的，是判断对错的人所站的角度不同而已。

| 案例 |

张京和刘玉两人是一对校园情侣，两人在大学谈了三年恋爱，毕业以后就领证结婚了。因为两人都是刚刚走出校园，两家的经济条件也不是很好，两人选择了裸婚。为了省钱，结婚时一切从简，甚至都没有请双方的亲友一起喝喜酒、吃喜糖，只邀请了两人的共同好友唐玫见证了这段美好的爱情故事。

张京和唐玫进了同一家公司工作，都在销售部任职，张京的主要工作是为公司开发新的客户，唐玫则是销售助理，主要

负责新老客户的跟进与关系维护。两人经常会因为工作需要一起代表公司出席各种应酬。

这天，两人送走最后一位客户已经是凌晨一点半了。张京在席间喝了不少酒，走路都有些不稳了。此时，刘玉打来电话，劈头盖脸地把张京骂了一通，责问他怎么还没回家，还说自己什么要求都没提就跟他裸婚了，没想到结婚不久他就经常半夜不归，把她一个人丢在家里……

因为喝了太多的酒，张京正难受着，如今又受到妻子看似义正词严的责骂，他一肚子的委屈无处诉说，对着电话就跟刘玉吵了起来。

刘玉在电话那头控诉张京结婚以后就像变了个人，对她没有以前那么关心了，也不像以前那样能经常陪着她逛街、窝在沙发上看电视了……说到激动之处，还责问他是不是不爱她了，是不是想要离婚了？

张京在电话这头的委屈一点都不比刘玉少，声嘶力竭地力证自己这么辛苦、这么拼命都是为了让刘玉过上更好的日子，说是自己这么做正是因为还像以前那样爱着刘玉，根本没有变心……

唐玟听完两位好友的争吵之后，觉得张京说得在理，并给刘玉打电话，让她多体贴张京，多想想他的辛苦和不容易……

唐玟为什么会认为张京更有道理？刘玉真的是无理取闹吗？

事实上，这小两口就是公说公有理、婆说婆有理。刘玉的抱怨是有她的道理的，虽然张京辛苦工作是为了让两人过上更好的日子，但是他忽略了她的精神需求，每天在工作上花那么多的心思，在她需要他的时候却不能陪在她的身边。即使两人很快就能住上大房子、开上好车，这样的婚姻真的就是刘玉想要的吗？刘玉守着空荡荡的大房子就真的会觉得幸福吗？

回过头来看张京，他说的也没毛病。他把绝大部分的时间花在工作上，为的就是赚更多的钱，让刘玉过上更好的日子。虽然他能陪在她身边的时间更少了，但他对她的爱一点都没少，正是因为他爱她，他才愿意那么辛苦、那么努力地工作。

唐玟之所以会站在张京这边，认为他是对的，认为刘玉不体贴自己的老公，是因为唐玟此时正在张京的身边，她能亲眼看到他的不容易、亲身体会他的辛苦，所以更能理解他。

张京和刘玉两人的争吵并不存在谁对谁错。站在自己的立场来看，两人都是对的，都是有道理的；站在对方的角度来看，自己的委屈却是无理取闹、站不住脚的。

推及企业的日常经营，企业聘用了大量的员工，每个人都有自己的想法，每个人都有自己认为的对错，如此一来，企业内部极易出现矛盾、发生内耗，人越多，方向也就越难统一。

某企业设置了两个部门（很多企业都有设置这两个部门）：一个是销售部，一个是售后服务部。2019 年是这家企业的冲刺年，2018 年则是夯实年（又叫服务年），冲刺、夯实反复交替，一直冲的话，企业就没有升级的时间，缺乏动力，所以要蹲下来，夯实已成交的客户。在一年的 12 个月中，销售、夯实也要交替着来，这个月主打销售，下个月就要主攻服务。但是，服务月不代表完全抛开销售，只不过是围绕客户服务这一战略中心来工作，在工作路线上有所侧重而已。

所以，月底的总结会上，销售部和售后服务部的两个经理就围绕下个月该走什么路线开始"掐架"了。销售经理认为下个月是销售月，应该走销售路线；但服务经理却不同意，认为主打销售的做法会给很多老客户带来伤害。销售部主张带领团队持续冲刺销售额，售后服务部则主张公司应更多地投入售后服务，做好售后服务让老客户不掉队，确保老客户能持续追随。

这就给老板出了一道难题，这个月到底该走销售路线还是走服务路线？

有没有两全齐美的做法，在走销售路线的同时又走服务路线，可行吗？

显然，这种想法是不现实的，一只手同时抓两只兔子，注定两只都抓不住。

可是，如果老板决定走服务路线，销售部就要跳出来说话了："老板，你决定走服务路线也可以，这个月的业绩目标我不负责，这个月的目标落空了，今年一整年的目标也就没指望了。销售业绩才是一家公司最大的命脉所在，公司不抓销售却去走服务月的路线，这工作没法开展了……"

如果老板决定走销售路线，售后服务部的负责人又得有意见了："老板，我家里有事，得请半个月假。"他嘴里说的是请假，实际上却是撂挑子不干了。此时，售后服务部的负责人心里认定老板只注重销售业绩、不重视售后服务，即便销售部开发出再多的客户、做出再多的业绩，但售后服务跟不上、客户满意度提不上来的话，客户会不断流失，跟着这样的老板看不到未来……

两个部门的负责人各执一词，站在各自的角度来看，他们的主张都是对的，可是，换到对方的立场再来考虑，原先的道理就说不通了。

这种情况下，老板不管怎么选都是错的。有智慧的老板不会拘泥于在销售和售后服务两者中取其一，而会走第三条路，把企业信仰搬出来。老板大可以这样决定："公司内部经营过程中出现了制度之外的矛盾，制度无法解决的，就交给公司信仰和企业文化来解决吧。"

何谓公司的信仰？简而言之，就是企业的价值观。老板可以让销售部和售后服务部围绕企业价值观为标准，以此进行研究，最终找出一条合适的对策。

企业信仰的第一条是"诚信"，公司要对客户讲"诚信"，换句话说，就是要对客户负责，要做好客户的售后服务工作。所以，两个部门通过商量以后做出了一个共同决定：本月走服务路线。

企业经营过程中一旦出现制度解决不了的问题，就可以尝试交给企业文化来解决，而企业文化应对不了的问题就交给制度来化解。

日常生活中，超过三人以上的都叫组织，每一个组织有可能发生矛盾，因此，只要有三个人以上，就一定要建立信仰。一旦组织内部发生了矛盾，就交给信仰来解决。

举个简单的例子，一个男人跟一个女人结婚，组建了一个家庭。最初，这个小家庭只有两口子，还不叫组织。两个人之间有意见不统一的地方，彼此商量以后，互相退让一步，基本上可以达成一致。孩子出生以后，就形成了三口之家，形成了一个小组织，再有矛盾就比之前难统一了。此时，就应该建立属于这个家庭的信仰，亦即俗称的"家风"。一旦家庭成员之间产生了矛盾，就可以用家风来解决。

　　企业经营也是如此，任何一家成员超三个人的企业，都需要建立企业信仰。一家没有价值观、缺乏企业信仰的企业注定会内部瓦解。如果企业内部发生了并非绝对对错的矛盾，双方各有各的道理，企业制度怎么套用都别扭，此时就要把企业信仰搬出来，用企业价值观来说话，继而做出最适合企业长期发展的决定。

》什么是企业的价值观，它是怎么产生的

通过前一章节的论述可知，任何一家超过三个人的企业都要建立自己的企业价值观，一家没有价值观、缺乏企业信仰的企业是走不长远的，注定会内部瓦解。

那么，什么叫价值观？

简而言之，所谓价值观指的是放弃每个人的"自我认为"，实现一个"集体认为"，并把它变成企业信仰。它是企业和全体员工共同的价值取向，是企业日常经营奉行的信念及其追求的目标所在，能为企业经营者的选择与取向提供合理的依据。

对一家企业而言，企业的管理理念会持续革新，产品和技术会不断更新换代，市场和机遇也是瞬息万变的，但是，企业的价值观是企业生存、延续的理由所在，它是企业内部的全体

员工（或是多数员工）共同认定的有关企业存续的终极判断，是不会变化不定的。

所谓价值取向是一种主观的判定。事物的价值如何是由做判断的人决定的，对待同一事物，不同的人所做出的判断很有可能是完全不一样的。

以上一节那家企业为例，该企业以"诚信"为价值观，当"走销售路线"和"走售后服务路线"发生冲突，不能两全齐美的时候，企业最终围绕"诚信至上"的价值观，选择对已成交客户讲诚信，而放弃了开发新客户、冲刺新销售业绩的决定。

一样的道理，有些企业的价值观在于追求利润的最大化，那么，当这家企业面临同样的矛盾时，该企业就会选择致力于开拓市场、创造更多的业绩，为企业谋取更多的利润。若一家企业的价值观在于为社会培养更多的人才，当该企业出现内部矛盾时，其最终选择必定是人才的培育。

从上例中各家企业不同的取舍可以看到，企业价值观为企业的日常经营和管理提供了有力的依据，当企业内部发生矛盾的时候，企业价值观就像一个风向标，为企业前进指引方向。

企业价值观具有如下几个方面的特点：

第一，它是一家企业内部全体员工都认同且持有的，而非个别人的意思，必须被企业内部大多数人所认可，这样的价值观才能称之为企业价值观。只得到少数几个人的认同则不能成为主导企业前进方向的，整个企业的价值观。

第二，它能有效支配企业内部全体员工的精神。企业价值观的存在意义跟个人价值观是一样的，一个人的精神会受到其价值取向的支配；而企业员工的精神则会受到企业价值观的支配。

第三，它是企业在日常经营过程中长期积累、沉淀而产生的，而非一朝一夕能形成的。一种价值取向要在一家企业内部得到大多数人的认可，成为这家企业的价值取向，必定要经过很长时间的积累和验证。那种大家坐在一起开会商量形成的只能看作是某次会议的会议记录，而经过长期践行，得到大多数人的认同的，才能形成企业价值观。

第四，它是人为的、有意识的、刻意培育而成的，而非企业日常经营时自动形成的。企业价值观是企业内部成员执着坚持的产物。企业日常经营过程中，一些对企业发展有利的、好的观念会被决策者刻意保留下来，他们会有意识地保护这些观念，并在日常工作中加以推动，最终成为大家一致认同的价值观。

对一家企业而言，企业价值观就好比是一根精神纽带，它把想法各异的员工们联系在一起，为大家指明前进的方向；它为企业的存续提供了源源不断的动力，也为企业内部各项规章制度的制定奠定了基石；它为企业经营者统一思想、统一步调提供了保障，为企业持续发展壮大保驾护航。

大量实践证明，企业价值观的建设至关重要，其成败事关重大，企业能否生存下来并不断发展壮大，都取决于其价值观的建设。企业价值观是一家企业的灵魂，必须通过具体的语言明确地表达出来。

企业价值观在企业日常经营中有着举足轻重的地位，必须全面涵盖如下四大内容：

其一，为组织内部成员提供善恶的判断标准。企业运作过程中难免会出现各种各样的问题，每个人站的角度不一样，每个人看待问题的立场各不相同，碰撞在一起，就会出现公说公有理、婆说婆有理的现象，孰是孰非，需要一个得到大多数人认可的标准。

其二，它是组织内部一致认同的事业与目标，也是全员认可的企业追求与愿景。企业的存在实际上就是组织内部成员对一个共同目标、愿景的认同与追求。大家为了这个共同愿景一起努力、共同奋斗。

其三，它是企业内部成员基于一个共同认同而追求的一个共同的目标。当企业内部成员有一个共同目标时，大家就会自动自发地为了这个目标不断努力。

其四，成为组织内部成员的共同追求。企业价值观必须是企业内部大多数成员认可的观念，所以，也必须是大家的共同追求。

企业价值观对企业如此重要，它究竟是如何产生的呢？

企业价值观是由企业经营者自己的核心信念延伸而来的，而非企业内部全体员工商量所得。虽然企业价值观的形成是企业内部大多数员工的共同信念，但这些信念共同者是老板自己吸引而来的，那些与老板三观不符的人也不可能长期留在他的企业中工作。只有与老板的理念合拍的员工才能在企业中留存下来。

现代企业的老板非常注重学习，可是，有很多人参加过多次有关价值观的课程，回去以后却无法成功地为自己的企业建立企业价值观。原因何在？

这是因为，课堂上老师讲的企业价值观、企业文化并不是老板自己的理念，虽然老师在课堂上为学员们罗列了大量正能量的词汇，但老板的内心并没有这些信念。老板虽然把这些词汇带回了企业，但实际操作时，员工却发现从老板身上投射出来的影子与他在课堂上带回来的词汇根本不合拍，他们只会按照老板真实的理念来行事。所以，很多老板听完课回到企业后并不能把课堂上所学到的企业价值观落实到位。换句话说，老板找不到自己灵魂深处的信念，就无法为企业建立真正的价值观。

要想在企业内部成功建立企业的价值观，老板首先要找到真正属于自己的价值观。

如何才能找到真正属于自己的价值观呢？

第一步，列出自己的特质。每个人都是独一无二的，都有与别人不同的特质。在此，最少列出自己身上三个与众不同的特质。

第二步，列出合作对象的种类。把自己想要与之合作的对象类型写出来，写出三种类型的合作对象即可。

第三步，做如下设想，假如有一天你成功了，受邀去大学演讲，你最想说给在校大学生听的三句话是什么？

第四步，设想一下，当你离开人世时，你最想送给孩子的三句话是什么？

第五步，设想一下，当你离开人世时，你最希望得到后人的三个评价是什么？

值得注意的是，上述五个步骤都必须凭第一印象来填写，无须思考太久，由此得到的就是我们内心深处的第一感觉。

上述五个问题回答完毕后，找出其中出现最多的两个词语，这就是我们内心深处的信念。

这里以光伟财商学院的价值观为例，诚信——真诚之心，信义之行。这里突出一个"真"字和一个"义"字。光伟财商学院总部树立着两块标语牌，上面的标语分别是：没有落实，一切都是空谈；没有诚信，你将一无所有。

价值观不能只是喊喊口号，而是要在企业的实际经营中不断践行。光伟财商学院的企业价值观是诚信，2015 年，学院的一位讲师在宜昌开会，承诺给客户发 100 套货，其中有一套在运输过程中被物流公司弄丢了，负责的督导就自己乘坐当天最早一班的飞机把丢失的那套货补齐给客户送了过去。收到货物的那一刻，客户非常感动。在光伟财商学院，但凡是承诺给客户的事情，如果在截止的时间内没有完成，就必须是在完成以后才能休息，这就是光伟财商学院对客户的诚信。

光伟财商学院秉承的"诚信"价值观中还有信义，这也是我的信念所在。

光伟财商学院成立的这些年，我帮助了无数的企业家，这是我的义举，也是我对社会的回报。25 岁那年，我不幸罹患癌症，贫困的家境已经无力再承担天价的医疗费用。就在我打算放弃治疗，静待死神降临的时候，我的老板宋国民先生亲自带着一大笔钱赶到医院，不但为我交清了治疗的费用，还给了我巨大的精神鼓励。我走下手术台、恢复知觉之后就对自己说，日后一定要坚守大哥的义气，不但要回报他，还要付出更多。

这些年，光伟财商学院奉行的使命是，助力学习型企业家成长，搭建中国最具影响力企业家共赢平台。秉持这个理念，光伟财商学院结成了互助社群，本着感恩的心做人做事做企业。诚信是我的人生价值观，是我灵魂深处的声音，光伟财商学院旗下全体员工在我身上看到了诚信的影子，所以，诚信成功地成为光伟财商学院的企业价值观。

如果企业经营者只是喊喊口号，把自己认为好的、正能量的词语拿出来当作企业的价值观，内心深处根本没有这样的信念，却要求员工来执行，员工会敏锐地发现老板的虚伪，并给老板戴上伪君子的帽子，也就不可能听老板的话，不可能认可老板所提的"企业价值观"。

企业价值观宜少而精。价值观越少就越容易传播；价值观越多就越杂、越乱，越难执行到位。

企业价值观要写进员工手册，每一个新进员工都要学习员工手册、了解老板的信念，将价值观通过员工手册的方式植入员工内心以后，员工再看到老板的以身作则，自然而然地会认可这个信念，并将其落实到日后的工作中去，长此以往，就能在企业内部形成一个大多数员工都赞同的企业价值观。

》 怎么将企业价值观打造成企业信仰

企业价值观并不等同于企业信仰。

所谓信仰指的是对某种思想或宗教及对某人某物的信奉敬仰，且将其奉作自己的行为准则。它是一种个人的意识行为，是人们心灵的产物，是人类最基本的情绪之一，是人们灵魂的标注，通常超脱于现实之外。

推及企业经营领域，如何才能将企业价值观打造成企业信仰？

第一点，老板和班底要对价值观有坚定的信仰。老板每个月都要和企业的管理层相聚几次，见面时可以聊聊家常，以此拉近与干部们之间的距离。聚会时更多的时间聊公司的相关事宜，借此机会让管理层知道老板为什么会有这样的企业价值观，长此以往，老板的价值观和信念就会深植于干部的心中。

第二点，拿出企业真实案例去支撑价值观。在企业的日常经营中，当有员工的行为符合企业价值观时，一定要及时提出，把他们写进员工手册，并号召大家向他们学习。

企业经常会把"担当、敬业、诚信"等充满正能量的词语贴在墙上，但很多时候这些词语都不过是喊喊的口号。当企业中有员工为了不影响第二天营业而加班工作时，如果老板能及时发现并将其写进员工手册，他的事迹就足以支撑起"敬业"这两个字。此时，"敬业"就能瞬间从墙上走下来，由一句空洞的口号变成实打实的企业文化。

如果员工做到了符合企业价值观的事却不被人理会，企业内部就会形成一种不良的认知：没必要做好人，只要做事就会犯错，犯错就会挨批评，不做不错，做多错多，做得再好，老板也看不见……

一旦企业内部进入这种恶性循环，符合价值观的事情就永远无法变成企业文化。员工做好了，就要给予相应的鼓励和表扬。

好榜样就在身边，老板要善于发现内部员工的闪光点，而不是总拿一些世界名人来为员工树立榜样。与其拿那些远在天边的人做例子，不如宣传自家的真人真事，哪怕该员工已经辞职离开了也可以将他的事迹写进员工手册供大家学习，这才能有效激发在职者被载入员工手册的欲望。

第三点，要持续向员工灌输企业核心价值观。比如，如果企业价值观是付出，只要有员工做到了，就抓典型，立刻大肆宣传，马上将其写进员工手册，要求广大员工背诵加考试，连同案例也要纳入考试的范围。也就是说，不但要把企业价值观写进员工手册，所有符合的真实案例都要写进员工手册。

在这方面，光伟财商学院的做法值得参考。

光伟财商学院每年都会给员工培训企业文化，2018 年，我给大家培训的企业价值观是"诚信、结盟、创新、助他"。培训的四天时间里，我给员工们讲了很多身边真人真事的例子，教育员工爱自己的家庭、爱企业；教导员工爱自己的爱人、爱身边的同事；引导员工孝敬父母、感恩老板。

要想让文化有根，前提条件就是要先找寻身边的真人真事，只有从云端之上回到地面，才能让企业价值观真正融入企业的日常经营。

一样的道理，企业经营者无须天天在员工面前喊口号，天天教育他们要如何做人、如何做事。当老板自己能够孝敬父母、照顾妻儿、惠及兄弟，员工自然就看在眼里、记在心里、落实在行动上。老板自己没做好，在员工面前怎么说都是纸上谈兵。大张旗鼓地教育员工要如何如何，自己却做不到，员工自然不会心悦诚服，更不用说会付诸实际行动了。这样的教育和培训无疑都是失败的。

那些经营不下去，只能关门大吉的企业里的老板基本上都是天天只喊口号、不做实事。老板只说不做、只要求别人做自己却置身事外，成天拿着道德绑架员工，这样的企业当然只能被市场淘汰。

企业经营者要不断向员工灌输企业的核心价值观，很多原先与企业核心价值观不合拍的人在不断接受教育以后也会在潜移默化中被同化。

第四点，教育一年以后，仍然不符合企业价值观的员工要开除，以确保内部员工拥有共同的信念。每个人都有自己的想法，在企业未对员工进行价值观教育以前，员工的信念与老板不合拍是很正常的。可是，如果不断教育的时间长达一年仍不能跟上老板的步伐，这样的员工就没有留下来的必要了。

第五点，对核心价值观的偏执和执行。

第六点，不断深化企业价值观。几乎每一家企业都会召开年会，年会上大家聚餐、表演节目，为表现好的员工颁奖，其乐融融。老板为什么要花这么大一笔钱请大家来吃喝玩乐呢？目的就在于向广大员工深化自己的企业价值观。

年会的重头戏在于颁奖。年会上所颁发的奖项都是按照企业价值观来设计的，每一个得奖者都是在为广大员工现身说法，以此将企业的价值观植入员工心中。

例如，A 公司的企业价值观有一条"贡献"。年会上，司仪先是拿着话筒向广大员工介绍获奖者的光荣事迹：在我们企业有这样一个人，他全身心地扑在工作岗位上，因为他牢记自己是班长、是干部，他就是今年最大贡献奖的得主 ×××。然后再邀请公司的重要领导上台为获奖者颁发奖品、证书，请他分享感言，并与领导合影留念，最后号召大家向他学习。

年会结束后，把年会上各个得奖者的留影贴到公司宣传栏内。

年会上的颁奖不是奖励业绩高的人，而是针对那些好人好事、为企业带来正能量的人，企业在年会上当着全体员工的面认可他们的事迹，号召大家向他们学习。

如此一来，员工每次看到这些照片，看到这个人，都会不自觉地受到一次价值观的教育。

此外，年会上表演的歌舞、小品、相声等都要围绕企业价值观来进行，脱离企业价值观的节目都不能在年会上表演。

旅游也是很多企业用来激励员工的一种福利政策。有的企业是单纯地将旅游当作福利来奖励员工，而有的企业却能借助旅游来向员工灌输企业价值观。

光伟财商学院在这方面就很注重。旅游过程中让大家举个标有光伟财商学院的小旗帜，统一穿上印有光伟财商学院公司Logo 的服装。整个旅游过程都在向员工灌输光伟财商学院的价值观。旅游途中还会穿插一些小活动，每一个小活动都是围绕企业价值观来展开的。

一个善于思考、善于创新的老板，会借助各种各样的活动向员工深化自己的企业价值观，如联欢会、旅游、年会等，让员工不断受到企业价值观的教育。

第七点，一定要让员工清楚这条价值观写入员工手册的原因。把合乎价值观的真实案例写进员工手册，让员工背诵加考试，让企业价值观深植于员工心中、融入员工的血液。带好员工是老板的责任，老板是员工的老师，真正给予员工的不只是工资，还要对员工起到引领的作用，要引领对方走上光明之路、幸福之路。

第八点，要针对企业价值观的内容对员工进行定期考试。如此方可让每一个员工都牢记企业的价值观，并把它带入到自己的实际行动中去。

综上所述，企业经营者为自己的企业建立好企业价值观以后，一定要身体力行。通过诸如员工手册、员工培训、公司年会、联欢会、旅游等各种各样的方式不断地对员工进行价值观的教育，让企业价值观真正深入员工的血液，成为指导他们行为的准则。并把那些经过一年时间的教育仍不符合企业价值观的员工清理出去，与留下来的、符合企业价值观的员工一起将企业价值观落实到实际行动中去，以此将企业价值观打造成企业信仰，为企业的持续发展指引方向。

第 8 章

开法眼：
让团队步调一致，极速复制

员工做事没规矩导致企业内部乌烟瘴气？

不不不，是老板没有为员工建立起统一的行为规范。

开法眼，学习如何在企业内部制定一套标准化的行为规范，从日常细节入手，以身作则，带领团队步调一致地奔向企业的远大目标。

>> 企业行为设计，应该怎么做

很多老板都有可能遇到过这样的困惑，刚开始的时候，员工的出勤情况很好，没有员工迟到，也没有员工早退。可是，这种良好局面并不长久，员工们并不能长时间地把这种好习惯坚持下来，一段时间以后，踩点的、迟到的、早退的、请假的、旷工的……各种出勤问题层出不穷。

这种现象就像是一座大坝上出现了一个缺口。那么，这个缺口到底是什么？它又是如何产生的呢？

举个例子，光伟财商学院以前有个学员企业遇到了一个非常头痛的问题——虽然公司三令五申不容许员工在店内接打电话，最后甚至还使出了"罚款"的大招，但员工在店内接打电话的现象屡禁不止。该企业的老板向我求教。

我来到该公司以后发现一个问题，老板自己也总在店内接打电话。

我毫不客气地向这位老板指出了问题的症结所在，这位老板心里挺委屈的，认为他是老板，有很多大事要处理，他的每一通电话都很重要。

我明确地告诉他：你有事可以去店外打电话，也可以回办公室打，但你不能在店内接打电话。

最终，这位老板听从了我的建议，他把所有员工都召集起来，并告诉他们："你们任何人发现我在店内接打电话，我给你们每个人100元。"刚开始，员工们都将信将疑。

过了5天，他让妻子在某个时间点给他打电话。到了他跟妻子约定的时间，电话果然响了，他按下接听键，直接在店里跟妻子讲起了电话。

他的这个举动被员工看见了，有人抱着试试看的心态提醒他："老板，你在店里接电话了。"

他二话不说，马上从兜里掏出钱来，给店里的员工每人100元，从此，再也没有员工在店内接打电话了。

从这个例子中可以看出，这个大坝的缺口就是纪律。只要存在组织，就要存在纪律，组织的每一个人，无论职位高低，都要遵守纪律，每一个违反纪律的人都要接受相应的处罚。

很多企业都要求员工在开会期间不得随意走动、不得上厕所、不得接打电话，员工上班要按时出勤，不得迟到、不得早退……

可是，又有几家企业的员工能完全达到这些要求呢？

员工为什么不听话？是因为员工太多所以难以控制吗？

真正的原因在于，员工发现老板提的这些要求他自己也做不到。一旦员工看到这一点，他们就会心存怨言，也就不会按照老板的要求来做了。

子曰：其身正，不令而行，其身不正，虽令不从。说的就是这个道理。

老板老在公司里指手画脚地提要求，吩咐员工怎么做事是行不通的。如果老板能以身作则，为广大员工做榜样，很多要求根本就不需要再提出来，员工自然见贤思齐，将老板的行为当作自己的标杆，以老板为榜样。

企业经营领域，如何才能做好企业行为设计呢？

在这里，可以参照光伟财商学院的行为设计。

第一，着装。

员工必须按照规定着装，保持整洁，员工工作时，工作服不能混穿，不能在工作服外面披衣，不能敞怀、挽裤脚、挽袖。系好衣扣，穿长袖衬衫时，下摆不能外露，着西装颜色要有标准。工作期间穿皮鞋，男士鞋跟不能超过 3 厘米，女员工鞋跟不能超过 5 厘米，除工作外，私人时间可以穿便服。

第二，仪表。

员工的头发应保持整洁，男员工不得留长发、大鬓角和胡须，女员工不得烫发、染发，不得文身，着工作服时不得化浓妆。不得留长指甲，指甲长度不得超过 0.5 厘米，不得染夸张颜色的指甲。不得围围巾，腰上不许挂钥匙链，不得戴耳环、项链、戒指、有色眼镜等。

我曾受邀去一家鞋业公司参观，出发之前，该公司的老板很骄傲地跟我说他家的员工学过礼仪。到了其中一家门店，这位老总给我介绍这家店的店长。这位店长的妆容真是让人一言难尽。她抹着大红色的口红，口红还抹到了嘴唇外边，一开口，牙齿上沾着午餐时吃的韭菜，一双大眼睛扑闪扑闪的，眼皮上抹着厚厚的蓝眼影……

第三，举止。

走路不允许背手、不允许手插裤兜，不得边走路边吸烟、扇扇子，不得勾肩搭背。参加晚会等大型活动时，必须按照要求的时间、地点按顺序入场，必须按照指定的位置就座，遵守会场秩序，不能迟到、早退。散会时依次退场。员工外出，必须遵守公共秩序、交通规则，自觉维护公司声誉。不得在街头嬉戏打闹，不得携带违禁物品。公共场所，主动给老、弱、病、残、孕让座。公司员工不得酗酒、赌博，不得参加宗教活动。公司员工严禁涉足不健康的活动，不得私藏非法物品，不得参加集体上访。不得以公司的名义摆摊、叫卖等等。

第四，礼仪。

公司员工之间通常称职务。企业不是家庭，即便是在家族企业，一旦论上亲情，这家企业的规章制度就会形同虚设。在公司里，在上班时间，一定要有铁的纪律。不管你的年龄有多大，不管你是哪家的亲戚，公司里只有同事，只有上下级关系，公司不讲亲情。同事之间不能称兄道弟，也不能叫姐、叫姨，只能以职务来称呼对方。领导和上级对下属可以称呼姓名，下级对上级要称呼职务。公司员工听到领导呼唤自己的时候，应该以立正的姿势回答"到"。下属接受领导安排的任务时，应自行立正，接受命令指示后回答"是"。上级与下级对话，下级应做书面记录。

光伟财商学院明文规定，员工要做到笔不离本、本不离身，任何上级领导与下级对话，下级必须拿本记录，忘拿一次就乐捐一元钱，攒到一定的金额就拿出来给大家买冰棍吃。在这里，乐捐的目的不是为了罚员工的钱，而是用这种方式让员工养成良好的习惯。

每一个职务都有自己相应的岗位职责，会计有会计的职责，司机有司机的工作，必须用"李会计、王店长"之类的职务来称呼。每一声称呼都在提醒对方他身上所背负的责任，让他清楚自己该做些什么事情、自己有哪些职责。

公司内部的上下级之间要权责明确，该谁做的工作就由谁来做，不要越俎代庖，更不能相互推诿。

上级领导和下属之间在公司也要保持应有的距离，相处时也要讲究相应的礼仪。

下属每天第一次见到领导时要立正问好，领导应回问。公司员工因工作需要进入领导办公室的时候，应先敲门并喊"报告"，经过允许后才能进入。

现实生活中，有些老板自恃豪爽大方，不讲究"繁文缛节"，员工直接冲进老板办公室汇报工作，不敲门也不打招呼，连基本的教养都没有。员工没有教养只是一种表象，其本质就是老板没有教养、不懂教养。老板在员工面前路过的时候，如果手里没有紧急的工作，员工应起立行注目礼，之后再去干自己手头的工作。

员工的行为全都体现在日常的一点一滴中。大到上班时的工作安排，如几点开早会、几点接洽客户；小到宿舍日常用品的摆放，如毛巾、洗脸盆和漱口杯如何摆放，被子的叠放等。

即使达不到军事化的标准，起码也要力求做到半军事化的效果。如果员工连睡觉的寝室都懒得收拾，使其乱得跟猪窝一般，何谈执行力？

在每一家企业中，老板都是这个组织的带头人，团队最终走向何方，全都取决于带队的人。有些老板在带队之初做得很好，服装、工牌、鞋子样样齐全，但是，坚持不到一周，老板嫌麻烦，开始带头乱穿乱戴，员工们也就跟着全散了。

团队有没有法度跟老板密切相关。不同的老板就能带出不同的团队，老板带头半途而废，团队中自然就会有人掉队，团队半途而废的原因都出在老板身上。

企业行为设计要从日常工作中的小事抓起，如此才能真正落到实处。企业行为贵在坚持，老板尤其要以身作则，如果老板带头半途而废，这些行为就无法在团队中坚持下来。企业内部要坚持规章制度，在公司里没有私人感情可言，各人都要坚守自己的岗位，如此方可确保企业有条不紊地发展壮大。

》 行为规范有哪些标准，如何细化

俗话说"没有规矩不成方圆""国有国法、家有家规"，企业要想正常运作，也需要建立相应的行为规范。什么叫行为规范呢？

所谓行为规范指的是社会群体、个人在参加社会活动过程中遵循的规则和准则。这种行为标准是得到社会公众认可的，是被广大民众接受的，它是在人们日常生活需求、喜好、价值判断的基础上逐步建立起来的，用以引导、约束、规范全体成员的活动，让大家明确知道自己该做什么、不该做什么，能做什么、不能做什么。

应用到企业经营领域中，企业的行为规范是用来约束、引导企业内部全体员工的行为标准。该标准能在人与人、个人与企业的利益关系之间起到有效的协调作用。它又像是一副润滑剂，能对企业内部的人际交往起到很好的调节作用，为全体员工的工作、言行提供统一的标准，包括企业老板在内的全体成员都要共同遵守它。每一家企业都应该建立适用本企业实际情况的行为规范。在设计行为规范的过程中，必须遵循以下几个标准。

第一个标准，数字化。现代企业管理实际上就是数字管理，拒绝使用形容词。

假如，某企业制定的行为规范中，有关仪容仪表的要求是，形象大方、举止得体。

这种标准就等于没有标准，是句空话。这里提到的"大方""得体"都是抽象的形容词，每个人对大方和得体的认知是不一样的，这里所说的大方、得体并没有一个统一的标准。试问：什么样的形象才是大方的？什么样的举止才是得体的？一千个人有一千种大方的样子，一万个人有一万种得体的举止。真正执行起来，员工还是不知道要怎么做才算是大方、得体。

在餐饮界，肯德基、麦当劳的分店开遍全球各地。虽然中国的湘菜、川菜等美味佳肴也得到了很多外国友人的肯定和喜爱，但为什么中国菜却无法像肯德基和麦当劳一样迅速蔓延到其他国家呢？最根本的原因在于，中国的餐饮没有标准。

中国菜的制作方法通常是：油适量、盐少许……

这里的适量和少许都是没有统一标准的形容词。多少油是适量的？张三认为一勺油是适量的，李四认为一桶油才够、才叫适量。张三认为一小勺盐就叫少许，李四却认为半包盐才够味，才是少许。

一样的道理，行为规范一定要用具体的数字来确定员工应该做到什么程度，而非用模糊的形容词来堆砌。比如，不得留长指甲，指甲长度不得超过 0.5 厘米。这条行为规范中，0.5 厘米就是具体的数字，它清楚地告诉员工手指甲的长度应控制在什么范围。

第二个标准，步骤化。每一项工作都是有步骤要求的，先做什么，再做什么，最后做什么都要有一个统一的标准。

第三个标准，流程化。员工请假、辞职等相关工作并不是一个人就能单独完成的，需要各部门之间的配合。

| 案例 |

小王就职于一家模具制造公司，因父亲生病住院需要请假半个月。因为他请假的时间比较长，他的直接上司没有权限批准这种期限的假期，按照公司规定，请假时间超过一个星期的，需要总经理签字批准。

小王写好请假条以后，不可能直接就呈送总经理签字，他离开的这段时间需要其他同事代理他的工作，所以，他所在的部门主管、部门经理、他离开时的工作代理人、人事部门都需要签字同意，谁先签字、谁后签字都要在行为规范中有明确的规定，如若不然，请假者就不知道要先找谁签字。

从这个案例中可以看到，诸如请假、辞职等跨部门、需要多个部门配合完成的工作必须要有一个固定的、明确的流程，员工们遵循这个流程做事可大幅提升办事效率。

第四个标准，标准化。每一种行为都要达到一定的标准，如微笑时要露出上面的 8 颗牙齿，下属进入上级办公室前敲门要敲 3 下，接待客户时鞠躬要鞠 45 度……

| 案例 |

于济鸣女士创办的公司主要经营服装和美容两项业务，这两个行业都比较特殊，都是要通过员工形象为顾客树立一种行为规范化的感觉，员工形象决定了企业的品牌。如果员工着装怪异、行为举止怪诞，顾客就没有信心进店消费。

于女士要求全体员工都穿着统一的职业裙装，与人说话要温柔，看人的眼神要友善；工作时间站立时要右手握左手、虎口对虎口，双手相握自然置于腹部……

员工练微笑时，要将一根筷子横咬在嘴里，露出上面的 8 颗牙齿；练站姿时，后背要别一根尺子；邀请客户进店时的姿势也都有统一的练习标准……

于女士的企业在制定员工行为规范时，真正做到了数字化、步骤化、流程化、标准化。

企业秉承上述四个标准制定出来的行为规范适用于内部全体员工，每个员工在日常工作中都要严格遵守，一旦有违反行为规范的举动，就要受到相应的处罚。如何才能细化这套行为规范，让它成为全体员工的行动纲领呢？

首先，这套标准应该是切实可行的，能落实到员工的日常工作中来。企业行为规范旨在为全体员工提供行为标准，必须具备可执行性，所以，要尽可能地避免一些标语、口号之类的词汇。

诸如爱岗敬业、积极向上之类的用词就不适合用在行为规范中。

但是，这两项精神又确实是员工应该要具备的，那么该如何体现在行为规范中呢？

所谓的爱岗敬业，即是要求员工按时出勤，不得迟到、早退、旷工，要如实履行岗位职责；所谓积极向上，即是用正面的眼光看待事物，不讲负能量的话⋯⋯

也就是说，行为规范不能用一个概括性的词语来形容，而是要一项一项地写出具体的要求，直接告诉员工什么可以做、什么应该做。行为规范要全面涉及员工日常工作中的各个方面，具体如下。

一是出勤。 一般情况下，员工要来到公司才能开展工作（一些可远程办公的特殊情况除外）。企业行为规范要明确规定上下班的时间（告诉员工应该怎么做），并要求员工不得迟到、早退、旷工（告诫员工不应该做什么）。出于人性化的考虑，还要制定一套操作简便的请假、辞职流程。

二是工作纪律。 员工进入公司工作，哪些事情是应该做的，哪些是禁区，都要明确罗列出来。如，员工上班要穿工装，进入生产车间要佩戴安全帽（告诉员工应该做什么）；上班时间不得用办公室的座机拨打、接听私人电话；办公区域不得喧哗，公共区域不允许抽烟；上班时间不得用办公电脑登录 QQ、微博等私人社交软件（告诫员工不应该做什么）。

工作纪律事关员工的工作效率和生产安全，必须给予高度重视。一时疏忽就可能出现重大安全事故，行为规范中一定要对生产过程中的隐患防微杜渐，不给人为操作失误留任何机会。

案例

某五金冲压企业明确要求员工进入车间必须穿劳保鞋、工作服，必须佩戴安全帽和口罩。小宋就职于该公司的业务部，2018 年 10 月 12 日，有客户到公司来考察，提出要到生产车间参观。按照公司规定，小宋为来访的客人分别发放了安全帽。因为人数太多，安全帽的数量不够，为了不让客户等待，小宋抱着侥幸的心理，没有再去给自己找安全帽，而是在没有佩戴安全帽的情况下带领客户进入生产车间参观。参观过程中，小宋的精力更多地集中在为客户解说产品的生产流程方面，一不留神，她的头撞到了正在吊运中的模具上，当场血流满面。小宋被及时送到附近的医院就医，好在模具吊运时移动的速度比较慢，她只是皮外伤，并未发生不可挽回的事故。但是，因为她的这次违规操作，客户对她所在的公司产生了质疑，认为该公司管理不善，并担心该公司其他管理环节也存在同样的问题，因此取消了这家公司的供货商资格。

是客户小题大做吗？

很显然，窥斑见豹，客户的担心不无道理。可见，遵守行为规范至关重要，稍有疏忽不但会引发生产安全事故，还会导致客户的不信任。

三是仪容仪表的要求。员工的仪容仪表展现的是一种企业精神。员工身着统一的工作服，精神饱满地在自己的工作岗位上工作，不但能有效提升企业整体的工作效率，还能给人带来"职业、专业"的感觉，增加客户的信任度。

| 案例 |

刘小姐在某美容美体机构工作，公司要求员工在工作时间必须穿着统一的职业套装，佩戴花色统一的丝巾，要化淡妆。上班时间不得佩戴任何首饰，工作过程中不得接打电话。

一天，刘小姐与男友发生分歧，大吵了一架，晚上找闺蜜喝酒解愁，第二天早上醒来发现自己起晚了，她不想迟到，简单洗漱一番，急急忙忙套上工作服就赶到公司上班。刚上班就有客户来做美容，刘小姐匆忙上岗，在给客户按摩脸部的时候，她手指上的戒指碰到了客户的脸，客户当场投诉了她，大声指责这家美容机构不专业，居然允许员工戴着戒指给客户洗脸，并扬言再也不会光临这家美容店。

刘小姐的行为抹黑了公司形象，让顾客对公司的专业性产生了质疑，她被解雇了。

对于美容、服装、服务行业，员工的着装、仪表、仪态都至关重要，代表着整个公司的形象和品牌，此类企业通常会在员工行为规范中对员工的仪表、仪态做出明确的规定。事实上，在任何一家企业，员工的仪表、仪态都体现着企业的总体形象，都是至关重要的。所以，企业要在员工行为规范中对此提出明确的要求。

四是人际关系方面的要求。企业内部员工众多，每个人的人生阅历和思想又各有不同，工作过程中难免会发生各种各样的矛盾，为了有效协调员工之间的人际关系，企业在行为规范中要对员工相处过程中的一些细节提出明确的规定。如同事相处要文明用语，不得在他人背后讲坏话，不得在同事之间挑拨离间，不得打架斗殴，上下级员工应彼此互相尊重，下级员工应服从上级领导等等。

五是员工的生活细节方面。员工下班以后并不会马上离开公司，有的企业为员工提供食宿，这就要对员工的吃、住做出明确规定。如员工应爱惜粮食、吃多少装多少，不得剩饭剩菜，吃饭时要讲究卫生，离开餐桌时要随手将餐饮垃圾带走；宿舍方面，员工起床后要折好被子，被子要折叠成什么形状、被子和枕头要如何摆放、牙膏牙刷要如何摆放等都要有统一的标准。

有些企业虽然不为员工提供食宿，但员工有可能带便当、叫外卖来解决自己的吃饭问题，员工也有可能将一些私人物品带到办公室……员工行为规范中都要对此做出统一的规定。

企业要想保持井然有序的日常经营，就要秉承数字化、步骤化、流程化、标准化这四大标准，全面顾及员工的工作、生活细节，对这些内容逐项做出规定，如此方可制定一个全面的、可行的、细化的员工行为规范，为员工的日常工作、生活提供切实可行的指南。

》行为是风气载体，以规矩成标准

企业是由多个群体组建而成的，其成败取决于群体的行为，群体的各种行为都会对企业的经营带来重大影响，其中，企业风气的作用至关重要。

什么叫企业风气呢？企业风气是如何形成的，又将给企业带来什么样的影响呢？

企业风气指的是企业日常经营过程中沉淀出来的一种行为心理状态，这种状态在整个企业中是非常常见的、普遍存在的，它相对比较稳定；其本质就是企业文化，它又是企业文化一种非常直观的表现方式。

企业风气涵盖了两个层面的意思。

其一，很多企业都具备的良好风气。比方说，遵纪守法、互帮互助等。

绝大部分的企业都会以法律法规或行业规定为准绳，上至企业经营者，下到底层员工，每个人都遵纪守法，不去触碰法律的红线，也不允许组织内部存在违法犯罪分子，一旦发现团队中有人做出了违法乱纪的事情，就会毫不留情地把他送到公安机关。

|案例|

张明是富康公司生产部的一名流水线工人，公司提供食宿，他所在的宿舍住了四名员工。拿到年终奖以后，他给自己买了一部新手机，可是，这部手机用了不到两天就丢失了。

根据张明的回忆，手机是在宿舍丢失的。人事部主管基于张明提供的线索进行推断，最终把嫌疑锁定在室友刘青的身上。

人事部找到刘青谈话，他很快承认的确是自己拿了张明的手机。

原来，刘青家庭条件不好，自己的工资也不高，他很想在过年的时候给父亲买部手机，方便以后联系，可手上没有余钱。见到张明买的新手机，他很喜欢，就趁张明去老乡宿舍串门、手机放在枕头边上充电的机会把手机藏了起来。

虽然刘青承认了自己的过错，也将手机归还给了张明，但是，他的行为已经构成了盗窃，在员工中的影响非常恶劣，人事部把他交给了公安机关处理。

不管犯罪的原因是什么，一旦触碰了法律的红线，就要接受法律的制裁，这是很多企业都奉行的准则，每一家企业都不愿意做犯罪分子的避难所，都不容许犯罪之风在企业内部横行。

其二，企业自身独有的风气。这种风气与其他企业的风气并不相同，是该企业独具特色、最具代表性的一些风气，是该企业区别于其他企业的鲜明特点。

企业的创始人不同，其性格、理念也就千差万别，所吸引的员工也不相同，这就注定了每个企业都会有与其他企业不同的思想理念。人的行为是受人脑所控，不同的行为会在组织内部形成不同的风气。

例如，A公司有一条理念是爱岗敬业。在这条理念的指导下，该企业的员工都把岗位职责当己任，认为不能当天完成工作任务是一种耻辱。员工们养成了今日事今日毕的好习惯，不管什么原因未能完成当天的任务，都会加班加点，直到工作完成。因此，不管加班多长时间，员工们都不会向公司申请加班费。长期以来，"无偿加班"已经成为该公司不成文的一种风气。这是绝大多数企业没有的风气，也是A公司独特的企业文化。

企业风气并不是白纸黑字地纳入企业制度的管理规范，而是组织内部成员思想作风的一种体现，是全体员工约定俗成的行为和思维方式。企业风气的好坏将给企业日常经营带来重大影响，具体体现在如下四个方面。

首先，企业风气将在企业内部起到潜移默化的作用。

人不被管理，而是被影响。企业风气是组织内部绝大多数员工的共同行为标准，是被大部分人认可且践行于实际行动中的，它是组织内部的一种心理现象，会在企业内部形成一种心理氛围。员工长期生活在这种心理氛围当中，受到该氛围的熏陶，耳濡目染之下，就会形成与组织内部绝大多数人一样的态度，做出跟大家一样的行为。

| 案例 |

小李是个 IT 宅男，毕业后在一家 IT 公司做程序员。他的同事大都是一些 IT 男，业余时间鲜有交集，下班以后大家都各回各家，很少聚会。小李每天穿行在家和公司之间，过着两点一线的单调生活。辞职以后，他进入一家上市企业担任软件工程师一职。新公司的同事关系更加和谐、默契，一些未婚的小青年下班以后总是相约着一起吃晚餐，有时候大家 AA 制，有时候是拿了奖金或是有喜事的同事请客。刚开始的时候，小

李不太习惯跟大家混在一起，总是推脱家里有事，不去参加他们的活动。同事们叫他的次数多了，架不住大家的热情，他去了几次，慢慢地就喜欢上了这种群居生活，甚至有时候他还会主动组局，把大家邀到自己家里做客。

从小李的变化可以看到，环境对人的影响是无声无息的，能让人在不知不觉中被改变。古语"近朱者赤、近墨者黑"说的就是这个道理。

其次，企业风气将对组织内部成员的行为起到规范作用。

企业风气虽然不是明明白白写进企业制度的规章制度，但却是一种非强制性的、能在无形之中给人以约束的软规范，能有效制约组织内部成员的行为。

科学研究显示，对于一个群体而言，人的态度存在类化现象。也就是俗语所说的"物以类聚、人以群分"，某个群体的成员在生活态度、思想、抱负、价值观等多个方面都存在共同之处，这些共同之处就是该群体的"风气"。一旦群体成员做出违背这种"共同之处"的举动，就必定会引起其他成员的注意，受到其他人无声的谴责。所以，在一个群体中，群体成员会改变自己的行为来适应该群体的风气，让自己和周围的心理环境变得更加协调。

| 案例 |

小赵烟瘾很重，经常是这根烟才刚刚熄火就又点燃了下一根烟。他也很少注意场合，自己想抽就抽、想什么时候抽就什么时候抽。

进入 B 公司人事部工作以后，公司每个部门最醒目的地方都贴着"禁止吸烟"的标语，并为吸烟人士划出了"吸烟区"，同事们都很自觉地走到吸烟区才点燃手中的烟，他们甚至会在工作一段时间以后喊一声"走，抽烟去"，然后三三两两地聚到吸烟区去，抽完烟再回来继续工作。

刚开始，小赵并不习惯这种做法，烟瘾一上来就开始吞云吐雾，被周围的同事指责了好几次，又被同好吸烟的同事顺便约了几次，他一改之前随处抽烟的坏毛病，只有走到吸烟区才开始抽烟。

从小赵的事例可以看出，周围人的目光也能像那些强制规章制度一样对组织内成员起到有力的约束作用。

再者，企业风气能在企业内部形成一道无形的屏障，有选择性地筛选各种外来信息，在群体中形成一种集体心理定式。

|案例|

A公司的企业风气良好，在"诚信守法"的企业理念指导下，全体员工克己守法、努力工作。当"金钱至上"的拜金主义来敲门的时候，很多员工都秉承讲诚信、遵纪守法的人生信条，毫不动摇地认真工作，他们坚信"君子爱财、取之有道"，不取不义之财，不利用职位的便利损害公司利益、为自己谋利。

而B公司缺乏正确的企业理念，整体的企业风气较差。在拜金主义的冲击下，有的员工利用自己的职务之便徇私舞弊、贪污受贿；还有的员工则这山望着那山高，想要通过跳槽到其他同行企业来提高自己的工资收入。更有甚者，还有人将公司机密卖给竞争对手，或是离职以后利用自己掌握的公司机密帮助新东家抢客户。

正是因为B公司的企业风气不佳，未能把不良的观念挡在门外，使企业面临各种不良冲击。

最后，因为企业风气是通过心理氛围的形态呈现的，这就会对组织内部成员的工作欲望、企业整体的向心力、各成员彼此间的吸引力造成一定的影响。

综上所述，企业风气对企业内部成员及企业总体发展都有着非凡的意义，企业经营者要对此给予高度重视，并在企业内部建立良好的企业风气。

如何才能整顿企业既有的不良之风，成功建立良好的企业风气呢？

首先要通过问卷调查、召开座谈会等各种有效的方式针对企业当前的风气展开全方位的、深入的考察，对企业当前既有的风气有一个客观的、正确的认知。

接下来，要抱着科学、辩证的态度认真区分既有的企业风气，罗列出哪些现象是个别现象，哪些是普遍存在、有可能形成风气的现象，哪些是应该大力提倡的，哪些是应该全力制止的。

做好上述分类以后，还要展开进一步的分析，确认引发上述现象、形成上述风气的具体原因，寻根溯源、对症下药。

企业风气的形成绝非一朝一夕之功。对于那些不良的风气，一定要从源头上杜绝此类现象的发生，不断向员工灌输正确的思想理念，引导他们改变观念、摒弃不良的习惯。

针对那些有利于企业发展的良好风气，则应该大力提倡，可通过如下四个步骤来引导企业风气。

第一步，企业经营者及管理者要身体力行、身先士卒，在组织内部起带头作用。俗话说"身教胜于言传"，管理层在不断向员工灌输正确理念的同时，也要把这些想法贯彻到自己的一言一行当中，为广大员工做好表率。

第二步，要善于制造舆论导向。一直以来，舆论都是引导人们思想、纠正其行为的神兵利器。对于组织内部发生的、值得大力提倡的人和事，管理层要动员一切手段大力宣传。弘扬正气的同时打击内部的歪风邪气，引导员工做出更多正确的、充满正能量的事，让错误言论、不良举动成为过街老鼠、人人喊打，从而抵制不正之风。

第三步，培养骨干力量，带动全员行动。任何一种风气都是先从少数几个人身上发起的，经过不断发展才被大部分人所接受，成为组织内部的一致行动，最终在企业蔚然成风。这里所说的少数几个人就是企业的骨干力量，他们的行为展现成效之后，其他成员都会受到感染和影响，继而带动更多的人一起行动。这就好比是在雪地上滚雪球，雪球会越来越大。骨干们的好行为会影响越来越多的人，最后成为整个企业的一种风气。

第四步，做好少数人的思想工作，促使其接受正确的理念，做出良好的行为，最终被企业良好风气所感染、带动。

组织成员彼此之间是存在差异的，有先进的人，也有落后的人。企业风气一旦形成，那些与之不一致的人就会感受到巨大的压力，这种压力有可能是来自上级领导和身边同事的批评与指责，也有可能是与团队不相融、不协调的人际压力。在这种有形的、无形的压力合力夹击的情况下，少数不一致者也会被同化。不过，同化过程中必定会发生各种各样的矛盾和冲突，这就需要对其开展恰当的、深入的、细致的思想工作，及时打消他们的逆反之心，帮助他们自动自发地改变自我，积极地融入企业良好的风气中。

企业想要持续存在并发展壮大，就必须保持其内部成员的一致性。也就是说，其成员彼此之间的行为、情绪、态度都要接近，全体员工都要受到某种标准的约束。这些标准可以通过文字做出明确的规定，成为强制全员遵守的规章制度；也可以是大家约定俗成的、没有文字要求的、非强制性的企业风气。建立良好的企业风气，结合严格的规章制度，企业必定能在井然有序中越走越远、越做越大。

第 9 章

开理眼：

树立团队品牌，传承企业文化

员工玻璃心，一点小挫折就灰心丧气、干劲全无？员工没良心，不体恤老板的良苦用心，动辄撂挑子甩手走人？客户狼子野心，占完便宜就翻脸不认人？

　　不不不，是老板没有坚定的理念，没有塑造好企业形象、打造好产品价值。

　　开理眼，学习如何塑造企业文化传承，用心感人、用心留客。

》以心感人人心归，用心为客客心留

　　员工进入企业工作，其初衷是为了从老板手里拿到劳动报酬，通过企业来实现他们的物质追求。这里所说的"物质"包括了深、大、真、厚、广几个层面的内容。

　　所谓深，是指深度思考。人们只有进行深度思考才有可能获得更多的财富。比方说，有的人不注重思考，一门心思只知道简单地进行体力劳动，这些人多半干的是体力活，虽然肉体上非常劳累，能得到的财富却并不多。而有的人则更注重思考，他们总是对事物进行深度思考，虽然并没有进行繁重的体力劳动，却能收获比别人更多的财富。

　　所谓大，指的是大舍。大舍聚物，那些讲义气的人往往更得人心，舍了自己的小利，却能聚集更多的人心，取得更大的成就。大舍的人会给别人安全感和归属感，作为企业的经营者，必须把员工和客户都聚集在自己的身边，这样才会有人愿意下订单给他，才会有人愿意给他工作，他才有可能从中赚取利润。

一个人过于小气，没有人愿意跟着他干，即便行大运进了一座金山，单凭自己一个人的力量，也只能拿走很少量的金子。更何况，每个人都有鲜明的个性，都有着自己的想法和追求，如果老板不讲义气，身边就留不住人才，即使客户给了大量的订单，企业也交不出货来。

所谓真，指的是真爱，是发自内心地爱惜人才。如果一个老板真的爱惜人才，真的想将人才留为己用，恨不得把自己的房子分给他住，恨不得把自己的车子交给他使用，在这种真爱的感召之下，还有什么人才是留不住的吗？

娃哈哈集团的创始人宗庆后就是一个非常爱才的人。创业之初，为了留住一个掌握了公司核心技术的技术员，他把原本应该分给自己住的房子让给了那位技术员，用实际行动做到了爱才、惜才、留才。

中国历史上爱惜人才的老板大有人在，比方说刘备。为什么关羽、张飞、诸葛亮等盖世人才愿意把身心交给刘备？论钱、论势，刘备都不及曹操；但论真心，曹操则只能望其项背。曹操是"宁愿我负天下人，不愿天下人负我"。刘备呢？为了与关羽、张飞共谋大事，他不惜放下"皇叔"的身段，与二人桃园结义；为了邀请诸葛亮出山，他不惜三顾茅庐；赵子龙百万军中救阿斗，他心疼爱将，把阿斗往地上一扔，"为汝这孺子，几损我一员将"，主仆二人抱头痛哭……正是刘备的这些真心爱才之举，才得众人舍命相随。

真爱降物，最大的管理技巧不是多么密不透风的管理制度，而是懂得放弃。有舍才有得，老板拿出一颗真心，这颗冒着热气的、滚烫的心所到之处众心归降。

所谓厚，指的是厚德载物。一个有道德的人，应当像大地那样宽广厚实，像大地那样承载万物和孕育万物。企业经营者必须做到厚德载物，如此方可承载员工和客户的需要，在满足他人的同时实现自己的价值，获取相应的利益。

所谓广，指的是广施持物。比如，很多百年老店都有自己的慈善计划，他们的善举数十年如一日，这些企业每个月都会拿出一定百分比的利润做慈善，这些老板会从自己的腰包里掏出钱来给那些需要帮助的人。

事实上，深思、大舍、真爱、广施不但指物质世界，同时还指精神世界。企业经营不下去，最主要的原因在于企业经营者的心出了问题。企业经营者哀叹自己得不到员工的真心，愤怒地批评员工是养不亲的人，甚至给员工贴上"人品有问题"

的标签。事实上，这样的老板又何曾拿出自己的真心来善待手下的员工？

当老板怀揣一颗真心来对待员工时，员工是能真切感受到，并回馈以真情的。不要试图在员工面前演戏，假情假义的把戏欺骗的往往只有自己。爱员工，一定要真爱，而非抱着其他的目的、打着爱的旗号来对员工。

案例

有一个发心不纯的老板，给手下的高管报了一个提升管理能力的培训班，为了让这位高管对他的"大方"感恩戴德，他把学习卡交给高管的时候语重心长地交代说："小张啊，这次我给你办了张卡，你可得好好学啊！你准备在我们公司干多久啊？要不咱们俩签个合同吧？"

听完老板的这番话，小张拒绝去参加培训，也没有跟老板签合同。老板恼羞成怒，私下里责怪小张人品有问题，说他不知好歹、不思进取，放着这么好的机会不去提升自己。

真的是小张不知好歹、不思进取吗？

他跟小张说的那番话，已经把自己的用心彻底暴露了出来。他给小张办卡，并不是真的发自内心地爱小张，也不是单纯地为了帮助小张实现自我成长。他这么做是有目的的，是为了让小张更好地给自己工作。小张一旦接受他的这张卡，将背上沉重的负担；这种重压让他避之不及，哪里还能感受得到老板的"真爱"呢？即便是小张接受了老板的学习卡，嘴上说着感谢老板之类的过场话，他也不会真的对老板心存感激。

但是，如果这位老板能换一种方式看待这张卡，在把卡送给小张的时候对他说："小张啊，非常感谢你为我工作了那么长时间，如果只是给你一些钱，一花完就没有了，对你的个人提升毫无帮助。所以，我给你办了张学习卡，也就只有一个苹果手机的价钱，你不要有任何心理压力，你跟我工作这么多年不容易，我要尽我的能力让你多学点本领，将来你自己做什么买卖歹也能有些最起码的本领，你的家庭才能越来越幸福。我不图你学完能比以前多创造多少业绩，只希望你能好好学点对自己有用的东西。好了，我还有事，先走了，加油！"

同样是培养下属，第一种做法是为了让员工成长起来更好地为企业工作，为老板创造更多的经济价值，对员工来说，是更艰巨的工作，是更大的负担。而第二种老板则是真心地希望能帮员工实现自我提升，是希望下属的家庭生活更加幸福，他给员工的是真心的帮助，是真正的爱。

要想让员工心甘情愿地付出，企业经营者要用自己的"真心"来爱手下的员工。

当员工的做法与我们想要的不一样时，不要苦口婆心地去劝他们。如果一个人已经接受了我们的理念和信仰，却还做出了我们不愿看到的决定，一定有他的苦衷，一定是有特殊的原因和压力。这种情况下，老板和管理者要站在员工的立场来理解他们，抛开私心让员工感受到我们的爱，用爱来感召他们。

| 故事 |

有这样的两兄弟，哥哥小时候最害怕听到弟弟说"把什么什么给我"。弟弟经常跟哥哥说"把橡皮给我""把玩具给我"……哥哥出于爱护弟弟之心，每次都会如弟弟所说，把他想要的东西拿给他，可是，每次都是有去无回，弟弟没有哪次会把拿走的东西送回给哥哥，回家以后，挨骂挨打的都是哥哥。久而久之，哥哥一听到"把什么给我"就会条件反射地浑身不自在、心里发毛。

长大以后，哥哥的这个心病仍然没有好转。有一天，兄弟俩吃完饭、喝了些酒，一起去逛公园，哥哥不小心落水了，弟弟在岸上喊："把你的手给我，把你的手给我！"

心病使然，哥哥并没有伸出自己的手，看着不断下沉的哥哥，弟弟灵机一动，改口喊道："快抓住，我把我的手给你！"

闻言，哥哥紧紧地抓住了弟弟的手……

这则故事的真假无从知晓，但人性是趋利避害的，人们更愿意接受别人的给予，而不太愿意对他人付出。人们在自己的人生经历中，很有可能受到这样那样的伤害，也有可能被这样那样的人欺骗过，这些都会在人的内心深处留下阴影，即便时隔多年，仍让人心有余悸。正是因为如此，人们会更小心地包裹自己、保护自己。如果老板的"好"是有附加条件的，甚至是带着某种不可告人的目的，员工能很敏锐地感知到老板的用心，一旦他们有所察觉，他们的心就会离得更远。

所以，要想让员工真正归心，企业经营者一定要抛开自己的私心和杂念，用"真"来爱护员工，让他们真正感觉到老板的爱，他们才有可能对企业付出自己的一片真心。

这个道理对客户同样适用。

我们每天面对客户、服务客户，说到底其实就是在与人打交道，只是这些人站的角度与员工不同，他们的身份不同，但需求却是一样的，客户需要的也是一颗真诚服务的心。如果他们看到我们打着"真诚"的幌子、披着"爱"的外衣，终极目的却只是为了从他们手里拿到订单、从他们身上赚到钱，他们也会敏锐地给我们贴上"虚伪"的标签。

| 案例 |

　　小何和小季是同行，为同一家客户供货。小何长相普通，但为人真诚、心思细腻，总能站在客户的立场来考虑问题。有一次，小何公司送的货出现了品质问题，晚班的生产主管把他们的货撤了下来，换上了小季他们公司送的货，没想到，两家的产品都有问题。为了不影响生产进度，生产主管给小何、小季都打了电话，通知他们派技术员到现场来察看问题、给出应对措施。半个小时以后，小何带着他们公司的技术员一起出现在客户的生产车间，他们在现场多次调试、分析，最终发现是另一个零件的毛刺偏大，影响了成品的组装，只需用锉刀把毛刺锉掉就能正常组装。虽然并不是自家的产品出了问题，小何看到因为增加了锉毛刺的工序会影响组装速度，便拉着和她同来的技术员一起留在了生产车间，拿起锉刀帮着打毛刺。因为有了他们的帮忙，晚班的产量并没有受到影响，他们真正地为客户解决了一个大问题。

　　而小季则根本没有接电话，直到第二天早上上班的时候，她才打了个电话给负责接洽的采购员，还半开玩笑半认真地嗔怪说："你们生产部那些人真是有问题呢！三更半夜的打电话给我，那个时间段我们早下班了好不好？我们又没有卖给公司，下班时间是我们自己的，还别说已经那个时候了……"

为了增进与客户相关部门的关系，小季经常会邀请该部门的主管和有关负责人吃饭、喝酒，但大家很少去赴她的宴，同事们私底下称小季的饭局是鸿门宴，吃得下肚也不好消化。

但是，月末各部门会餐的时候，不管哪个部门的聚餐都能看到小何的身影。她并不会花钱请大家吃吃喝喝，反而成了客户的座上宾。

小何和小季的客户每个月都会召开例会，总结各部门的工作情况，并提出下个月的工作计划，同时还会总结上个月各家合作厂商的供货情况，并做出下个月的订单计划。会上大家对小何及他们公司的服务都很满意，订单份额逐渐朝着他们家倾斜，不出半年，大批的订单都下给了小何所在的公司，小季所在的公司已经成为备用厂商，只有在小何的公司因突发情况不能如期交货的时候才会通知小季的公司交货。

小何和小季自身的服务态度当然在一定程度上俘获了客户的心，但这绝对不只是她们的个人服务态度问题，很大可能是她们所在企业的文化、理念培育出了态度决然不同的两个业务员，导致她们及她们身后的企业在整个行业的口碑也因此大不相同。正是这种"用心"与"不用心"的差异决定了两家企业各自的发展前景。用心的小何和她所在的公司能真正地急客户之所急，站在客户的立场办事，能切实解决客户的问题，他们因此留住了客户的心；而不用心做事、善于走过场的小季和她所在的公司却在自欺欺人，再高超的演技也不能混淆客户的视听、不能掩饰自己的虚伪。

以心感人人心归——用心对待员工，员工才会坦诚地把心交给企业、用心服务于企业；用心为客客心留——用心对待客户，客户才会放心地签发订单、真心地留下来接受企业的服务。

>> 在员工容易受伤的领域，安上理念

日常工作中，员工的心态经常会被目标的达成情况、客户的订退货情况所影响。因为本期目标未达成、因为潜在客户的拒绝、因为已成交客户的退货，原本壮志满满的员工信心瞬间坍塌；在小障碍、小困难面前，员工负能量爆棚，就可能撂挑子辞职不干了。虽然还有大量干的员工奔着企业的目标、为着自己的前程、追求着自己的职业生涯规划，却因为受到那些不干的人的影响而士气全无，纯粹地留下一个硬挺的躯壳。即使外部压力不大，也只需小风轻轻一吹就跟着倒下了，这是很多企业在经营过程中都有可能会遇到的问题。

| 案例 |

恒辉公司的刘总就一直被这个问题深深困扰着。

　　恒辉公司是一家经营电脑办公用品的企业，该行业竞争激烈，同行之间不但疯狂地抢客户，还削尖了脑袋挖员工的墙脚。刘总平日注重员工培训、狠抓产品质量，在行业内口碑还不错。虽然公司经常对员工进行各方面的培训，但是员工的心态还是存在很大问题。月初、年初订立业绩目标的时候，很多人的业绩目标总是订得不高，主管收到员工的业绩目标后总要开一次动员大会，再通过会议明令要求大家提高目标额度。在主管的强烈要求下，员工们不得不拔高自己的目标额度。

　　推销过程中，员工们似乎很抵触给客户打电话，一旦被客户拒绝，一个个就像被霜打过的茄子，垂头丧气地提不起精神。

　　最让刘总头疼的是客户退货。如果是因为产品质量问题退货，负责接洽的业务员处理好退货事宜以后就开始抱怨公司的产品质量不过关，抱怨生产部门、质量部门不作为，因为客户退货引发员工内部矛盾的事情时有发生。如果是客户的原因退货，业务员就想方设法拖延时间不予处理，本来客户还心存愧疚，有可能会在其他地方予以补偿，可被业务员这么一拖，经常是有理变无理，客户一怒之下还会直接打电话给刘总，向他抱怨业务员工作效率低下、办事拖拉。

　　为了提高员工的抗压能力，刘总让人事部门制定了一系列的激励措施，却并没有达到他想要的效果。

与这些实物产品销售相对的是，诸如保险公司、培训企业等以销售服务为主的企业的员工内心却非常强大。

对于保险公司的业务员而言，其销售的是保险合同，客户在签订合同、交纳保费的时候根本看不到产品，除非发生保险事故或是保险合同到期，客户完全看不到这个产品的存在。有不少客户在签完合同、交纳保险费用后又觉得不妥，在犹豫期内退保的大有人在。相对于实物销售而言，保险、培训等各种服务类产品的销售要困难得多，可是，这些公司的业务员却依旧生龙活虎地活跃在与客户接洽的途中。

这究竟是什么原因导致的呢？

打个比方，一般的凳子都有 4 条腿，如果打折其中的 2 条腿，这张凳子必定会倒掉；假如这条凳子有 20 条腿，打折其中的 2 条腿甚至是 10 条腿，这凳子都不一定会倒。

将这里所说的凳子比作员工和企业，凳子的腿就是员工和企业的正能量、企业文化和企业理念，被打折的腿则可视作负能量，视作外界的压力和打击。

员工之所以强大，是因为企业在他们容易受伤的领域安上了相应的理念，这就好比是给凳子安装了足够数量的凳子腿，无论顾客打折其中的几条腿，员工的信心依然不受影响。

光伟财商学院就是这样一家以销售培训服务为主的企业，

公司的经营理念是：以心感人人心归，用心为客客心留。

这句话的意思是，用爱心留住员工，用爱心帮助客户。在这一理念的指导下，企业的存在不再是老板借以剥削员工剩余价值的工具，而是为员工的幸福生活提供奋斗的平台；员工的工作不再是单纯地为了给自己冲业绩，而是用自己的爱心来帮助那些有需要的企业。

正是因为爱心使然，企业管理者会处处为员工着想，以提高员工的个人能力、成就员工的幸福生活为己任。他们想的不是如何约束员工，不是怎样从员工身上压榨出更多的剩余价值，而是如何发挥自己的力量去帮助一个需要帮助的老板、帮助身边无数个人、帮助周围无数个家庭。他们心里想的不是提成、不是自己的经济利益，在爱心的支撑下，他们不再害怕客户的拒绝，不管被拒绝多少次，他们的信心都不会打折，更不会倒下。

在这一理念的指导下，光伟财商学院的员工关系非常和谐，管理者会想方设法来提升手下员工的工作能力，指导他们把工作做得更好，在提升企业业绩的同时也大幅提高了员工的收入。员工在公司除了得到物质报酬以外，其精神世界也有所提高，下班回到家、走进私人交际圈时，他们接人待物更加和善，生活更加和美。面对客户时，员工的心态更加平和，不管客户是坦然接受他们的服务，还是严词拒绝他们的好意，他们都会因为心中有爱而微笑面对，不会心生怨念、精神萎靡。

员工工资也是让老板们深感头疼的事情。工资开得太高，加大企业人力成本；工资开得太低，员工心存不满，辞职跳槽成风，员工流动太大。

| 案例 |

鑫融公司是一家模具制造企业。在模具制造行业，钳工的工资差异巨大。刚入门的学徒基本工资是 2000 元左右，而经验丰富、技术高超的钳工师父则每月能拿到 20000~50000 元不等的报酬。钳工技术的高低判定较为主观，业内尚无统一标准作为钳工工资的依据。鑫融公司虽然有制定一套较为完善的工资标准，但这套标准对钳工这个工种并不适用。钳工流动频繁，严重影响了公司的项目进度。为了留住技术高超的钳工师父，总经理授意人事部门提高钳工工资，一个月下来，公司的人力成本提高了近 30%，总体利润随之下滑。钳工工资的调整引起了其他工种的抱怨，甚至给员工的整体士气带来了负面的影响。

企业日常经营过程中普遍都会遇到鑫融公司的这个难题。光伟财商学院的做法值得借鉴。

光伟财商学院为广大员工灌输了薪酬理念。赵允是光伟财商学院武汉分公司的负责人，有位新进的见习员工在看到该公司的工资表以后，塞给赵允一沓钱（大概有七八百元钱的样子）。赵允觉得很奇怪，并问对方为什么给他钱。那位员工回答说："按照公司的薪资理念，没有无成果的报酬，无成果的报酬是耻辱，我这个月没有业绩，所以我把钱还给你。"

赵允安慰他说："你现在还只是见习员工，这笔钱是你的生活补助，等你成为正式员工，没有结果的时候，你再把钱还给我。"听完这番话，这位见习员工才把钱收下来。

在其他企业，有没有出现员工把钱还给老板的情况呢？

恰恰相反，很多企业中，员工通常抱着"老板给多少钱我就做多少事"的心理懵懂度日，而老板却是抱着"员工做多少事就发多少钱"的心理给员工计发薪资，两者的立场完全是对立的。员工抱怨老板小气，老板抱怨员工不努力，认为员工的工作态度不端正，双方都深陷在一个无解的恶性循环中而无法自拔。

事实上，不是员工心态不好，而是他们根本不知道好心态的标准是什么。员工根本不知道何谓心态，企业也并未对此做过任何教育。

举个例子，某企业的两个业务员抢客户，A 和 B 两人各说一词，都说客户是自己的。老板该如何裁决呢？如果老板的判决是，两个人一人一半，A 和 B 都不会服气；如果判给 A，B 肯定不干了；若是判给 B，A 又不干了。这似乎是个死局，老板怎么判都是错的，怎么办？

光伟财商学院也遇到过这样的问题。我的做法是，认真听完两个员工的诉说以后，我搬出了企业文化，说是公司制度机制解决不了的问题就用企业文化来解决，并让他们以公司团队理念为核心，自己去研究解决之道。不到十分钟，两个人就一起走进了我的办公室，向我汇报了他们的商量结果，业绩一人一半。

我当着两人的面确认这的确是两人共同商量的结果以后同意了他们的做法。一场看似难分难解的悬案不到十分钟就有了一个皆大欢喜的结果。

这两个员工为什么能这么快就做出一个让彼此都能认同的决定呢？因为我们的团队理念中有这么一条：不内讧、不内耗，奉献自己，彼此照耀。

在这条理念面前，两个抢业绩的员工自惭形秽。这条理念就像一面镜子，照到了他们只顾自己、不甘奉献的丑态。也正是这条理念让他们各退一步，做出了平分业绩的决定。

当内部员工发生矛盾时，如果老板处理不当，有可能引爆公司上下员工的集体怒气。

光伟财商学院旗下两个业务片区的管辖地域发生变动，A县以前被划为B业务片区，后来又被划给了C业务片区。分管这两个业务片区的分公司经理在地域的划分上有了争执，B说A县是自己的地盘，C说A县现在归他了，两个人互不相让，当着我的面争吵起来。这个时候，我怎么判都是得罪人的。判给B，C片区从上到下的员工都不服气；判给C，B片区的人又会叫委屈。我又搬出了企业文化这面大旗："这种公司制度解决不了的事情，咱们按照公司的发展理念来处理吧。"

根据光伟财商学院的发展理念"个人应为企业发展而顾全大局"，两位总经理很快就有了结果。B说："A县给你吧。"C也说："还是归你吧。"B说："它以前的确属于我的片区，但现在已经划到你的片区去了，应该归你。"C就不客气了："那我真要了啊！"两个人又互相客气了一番，最后和和气气地把问题解决了。

光伟财商学院还有一条节约的理念：省钱就是赚钱，节流才能开源。对于10个点的销售额，有8个点的成本、2个点的利润，如果能节约1个点的成本，就能增加1个点的利润。

公司不断地给员工灌输节约的概念：节约要从小事做起、从细节做起。比如，人走关灯、节约用电，A4 纸正面用完后不能扔也不做废纸处理，背面继续使用（机密文件除外）。

公司每新进一名员工，都要对其进行理念培训，向员工不断灌输企业文化和经营理念，如此才能做到上下一心，遇到难解之题都交给企业理念来解决。当企业内部员工之间发生矛盾，作为企业的经营者，作为企业的管理者，都无须让自己扮演"清官"的角色，把"企业文化、企业理念"这根尺子拿出来，交给员工自行解决即可。这种做法不但能化问题于无形，还不会得罪员工，不会在员工中成为"公敌"。

大量实践表明，日常工作中，来自企业外部的压力和员工本身所在岗位的工作压力都将对员工造成伤害，给他们的个人情绪、工作热情带来重大打击。对此，可在员工容易受伤的领域安上相应的理念，把员工从狭隘的个人空间中解脱出来，用统一的标准为他们装上大爱之心，让其摆脱负面情绪的困扰，每天都被正能量包围，让员工们愉快工作、幸福生活。

》 用培训沟通的方式，把理念输入员工头脑

为了维持企业的正常运转，企业需要聘用各个岗位的员工。企业规模不同，所聘用的员工人数也不相同。这些员工来自五湖四海，每个人的家庭背景、成长阅历、学历程度各不相同，这就注定了他们的想法也不可能完全统一。

人们的思想、观念很大程度上取决于其生活经历，不同的成长背景决定了他们不同的想法、造就了他们不一样的个性。

人们的生活千姿百态，以致人们的思想千差万别。然而，为了达成同一个目标，组织内部成员必须心往一处想、劲往一处使，如此方可顺利到达目标的彼岸。

现实生活中，企业的运营需要内部员工步调一致，为一个共同的目标而努力奋斗。这就要求团队成员必须思想统一，用共同的标准来判定事物。如何才能把这些五花八门的思想统一

成一个共同的标准，把企业理念灌输到员工的心中，在组织内部成功建设好企业文化呢？

网络上有这样一句话：世上最难的两件事，一是把自己的想法装进别人的脑袋；二是把别人的钱装进自己的口袋。

这句话揭示出一个真相，将企业理念输入员工的头脑并不是一件简单的、容易达成的事情。

通常，企业可通过如下两个渠道向员工灌输企业理念。

第一个渠道，培训。

所谓培训指的是对有一定经验或是毫无经验的人传授其完成某种行为所必需的思维认知、基本知识与技能的过程。而企业理念培训则是对企业内部员工传授企业的经营理念和企业文化，让企业理念成为全体员工共同认可的标准，并用这套标准来判定所有员工的对错。

培训包含两个方面，一是培养，二是训练。

企业的理念培训就是要通过培养＋训练的方式来转变内部员工的思维方式与观念，让他们接受、认可企业的理念，在企业理念的指引下树立一种适应企业文化的新观念，改变之前的思维模式，培养其从新的角度看待问题的能力。

观念的改变绝不是一朝一夕的事，要想让员工抛弃自己旧有的观念、接受企业的共同理念，就一定要让员工了解企业理念的来龙去脉，要让他们知道企业理念的内在意义，让他们了解老板为什么会提出这个理念。而且要让员工背诵，并进行考试，让他们记住企业理念的真正内涵。

另外，员工单纯地记住这些理念还不够，还必须在实际工作中进行训练。

比如，在对员工进行"敬业"理念培训时，首先要让员工知道什么是敬业——敬业是指一个人对自己的工作负责。向员工解释清楚敬业的字面意思以后，要列举企业内部的真人真事，一方面加深员工对敬业的理解，另一方面，也是用身边的真实案例为其他员工树立学习的榜样。

此外，还要让员工知道老板为什么要将敬业奉为企业的经营理念。因为一个不负责任的人是不可能很好地完成其所在岗位的工作的。一个人如果缺乏责任感，对任何事情都无所畏惧，也没有什么能约束他。企业聘用这种员工等于在给自己找麻烦，企业中存在太多没有责任感的员工，将会给企业带来灭顶之灾。

培训结束后，要对员工进行考试。考试的内容包括敬业的字面意思、敬业的实际案例以及企业要求员工敬业的原因。

| 案例 |

　　某企业向员工培训"顾全大局"的理念。培训时，先告诉员工顾全大局是指从整体的利益着想，使之不遭受损害。接下来要让员工知道，企业和员工是整体与个体的关系，个体的员工是生活在企业这个整体当中的，如果企业的整体利益受损，企业无法维持正常经营，则"皮之不存，毛将焉附"。企业一旦关门大吉，员工也就失去了工资来源，不可能再通过这个平台实现自己的人生价值。

　　向员工灌输该理念以后，还要列举企业日常工作中"顾全大局"的真实案例。如项目部的蒋娟就是个顾全大局的人。有一次，同事冯刚的父亲突发心脏病去世，冯刚是家里的独子，需要请假回家办理父亲的丧事，不能代表公司如期出席当天的招标大会。蒋娟是标书制作人之一，前一天晚上她和项目部的其他几位同事加班验算标书的相关数据，一直忙到当天早上。听说冯刚因家中丧事请假，她主动请缨代替冯刚参加招标大会，并凭借她出色的业务能力一举拿下了这个项目。

　　冯刚销假回公司上班以后，为了表示对蒋娟的感谢，主动提出这个项目的提成归蒋娟所有。但蒋娟认为公司能拿下这个项目主要是因为公司本身实力雄厚，更是项目部全体员工共同努力的结果，那天不管是谁代表公司出席招标大会，这个项目都会被公司收入囊中。而且，她不是营销部的职员，她在项目部的岗位上已经能拿到属于自己的那一部分业绩奖励，如果再拿项目提成，就有违公司财务制度，会给相关部门增加不必要的麻烦。所以，她拒绝了冯刚的好意。

这个案例中的蒋娟无疑是个顾全大局且谦虚低调的人。虽然该公司实力雄厚，且项目部已经为了这次招投标做了周全的准备，但代表公司参加竞标的人也非常重要，如果蒋娟不具备强大的业务能力，得不到客户的信任和认可，公司也不一定能拿下这个项目。

蒋娟代替冯刚竞标，且竞标成功，这个项目的提成归她也是无可厚非的事情。但是，公司的财务制度规定，对于竞标成功的项目，视实际情况为项目部的成员计发业绩奖励，并为参加竞标的业务员计发项目提成。蒋娟是项目部的员工，在拿到业绩奖励的同时还要计提项目提成，这种特殊情况势必会要营销部、项目部、财务部、人事部等多个部门出具证明材料，会加重很多人的工作负担，为此，她拒绝了冯刚的提议。

培训过程中，一定要把蒋娟这样的典型树立为全体员工学习的榜样。

通过培训，讲师能把企业理念的核心内容灌输给员工。但是，在此过程中，讲师是输出方，员工只是被动输入的一方，员工并不能向他人表达自己的想法和观念。这就需要开启第二个渠道，沟通。

对于员工来说，企业理念的输入是一种新理念的建立，这种新的理念有可能是他们之前并不具备的，只需接受、认同即可。但新的理念也有可能与他们之前的观念是背道而驰的，他们必须要先摒弃原来的想法，才能接受新的理念。在此过程中，新、旧两种理念经常会在他们心里同时跳出来招架，刚开始时，原有的观念更占上风，甚至会把新的理念挤出去。所以，除了不断对员工进行培训以外，还要通过各种方法与员工进行沟通，让他们切实认识到企业理念存在的意义，并不断践行，把新的理念真正融入他们的心中。

现实工作中，企业与员工沟通的方式多种多样。

正常工作期间，只要发生一些具有代表性的事件，管理者即可与属下对话，身体力行，用企业理念来解决问题。处理好事情后，再向下属强调企业理念的具体内容及其重要性，并围绕该事件与员工展开探讨。

| 案例 |

　　小秦任职于某五金制品厂业务部，为了配合 A 客户新产品开发的需要，原计划于星期二下班之前把新的样品送到客户处。生产部门如期做好了样品，但因公司交给 B 客户的产品发生了质量问题、不能继续使用，为了不影响 B 客户的生产进度，司机临时更改了送货路线，并打电话给小秦，告知下班之前他无法赶到 A 客户处。

　　小秦向业务部王经理报告了这个情况，并请示是否需要致电客户更改送样时间。王经理告诉小秦，公司的经营理念中有一条是"诚信经营、客户至上"，既然之前已经承诺过客户在下班之前要把样品送到，就要说到做到。司机已经提前告知他更改了送货路线，现在重新拿几个样品送过去还来得及，并让小秦赶紧想其他的办法把样品给客户送过去。

　　听了王经理的话，小秦赶紧重新准备了几个样品，亲自开车给客户送了过去。

　　事后，王经理在业务部的例会上对小秦的做法给予了特别表扬，并让大家围绕这次的事件展开讨论，再次向业务部的员工强调了"诚信经营、客户至上"的企业理念。

此外，管理者还可通过业余时间的聚会向员工输入企业的经营理念。

为了体现公司的人文关怀、和谐的团队内部关系，部门聚餐是企业日常经营中经常会有的事情，很多企业还会划拨专项资金给各部门作为聚餐费用。

聚餐时，管理者可以与属下围绕"和谐统一、团结协作"的企业理念展开探讨，让他们看到公司划拨专款请大家聚餐就是该理念的一种践行，让员工真真切切地体会到老板的想法与做法是一致的，在企业内部营造出一种"做我所想、说到做到"的氛围，把企业理念折射到员工的实际行动中，使之成为切实可行的企业文化。

沟通不仅局限于语言对话，公司的各种节日福利、年会、联欢会等都可以作为企业与员工沟通的渠道，要通过公司的实际行动让员工感知企业理念的践行。公司管理者、经营者身体力行，不断向员工强调企业理念的内容，长此以往，必定能把企业理念深植于员工的内心，使之成为员工脑海中的一种自主观念，成为其日常工作过程中统一的判定标准。